7日間で学べる!

ぼくらの瞬間英作文

スラスラ話すための英文法トレーニング

Urban Meetup Tokyo
竹内智則

大和出版

はじめに

本書の目的は主に2つあります。

1. 会話に必要な文法を効率よく学ぶこと
2. それらの文法を使って、たくさんの英文を作ること

つまり1冊の中で、文法を学んで英語がある程度話せるようになるところまでをゴールとしています。

一般に文法書というと、英文法の解説のみにとどまっているものがほとんどです。解説は細かく書かれているものの、それだと、読んだだけで英語を分かったつもりになってしまう面も否めません。ページ数が多いこともあって、読み終えたことで満足し、英語を使うステップまで至らない……そんな経験がある人も多いのではないでしょうか。

文法は知っていても英語が話せない、という日本人が多いのには、そんな理由があるのだと思います。

「テストの点数を伸ばしたい」のなら、文法書に書かれていることを覚えれば事足りますが、「英語を話せるようになりたい」という目標であれば、覚えた文法を使って英語を作る練習が欠かせません。

本書では「文法を学ぶ → 英文を作る」という2つのステップで学習を進めていきます。学んだ文法をもとに文章を作るトレーニングを行うことで、「使える英語」を増やしていくことが狙いです。

日常会話に必要な文法を詰め込んだので、1冊読み終わるころ

には、自信を持って英語が話せるようになっていることでしょう。

私は、英語の技術を教えるコーチング教室を主宰している竹内智則と申します。
この本のコンテンツは、私が授業で教材として使うために作った「ぼくらの瞬間英作文」というアプリをもとにしています。
冒頭で書いたとおり「文法が学べて、話す練習もできる教材」が見つからず、それなら自分で作ってしまおうと始めたのがきっかけです。

アプリを実際に授業で使用する中で、受講生の皆さんが苦手としているパートを増やしたり、効率よく学習するための機能を追加したりと、改良を繰り返してきました。
書籍化にあたっては、掲載する英文を厳選し、解説もさらに分かりやすく書き換えています。
皆さんと作ってきた教材を、書籍という形で多くの方に届けられることをとても嬉しく思います。

そして、本書に掲載している全ての英文は、私が徳島県に住んでいたころに出会った友人の Jeff Hadley に監修してもらいました。そのおかげで、それぞれの英文や解説をより正しく、より自然なものにすることができました。

この本で、あなたが少しでも英語を身近に感じ、自信を持って英語を話せるようになることを願っています。

Urban Meetup Tokyo　竹内智則

STEP1: 文法を学んで

文法解説パート

文法パートでは、"中学3年間の文法+α"を7日間に分けて解説しています。(+αには、中学では習わないけれど実際のネイティブがよく使う重要な文法を選びました)

話すための英文法

実際に英語を話すとなると、「どういうときにaを付けるんだっけ?」「これは現在完了形でよかったかな?」など、疑問を持つ人も多いはず。こうした疑問を少しでもなくせるように、話す上での文法の使い分けやニュアンスの違いをたっぷりと解説しています。

2ステップで、
話せる英語がどんどん広がる

STEP2: **英文を作る**

英作文パート

瞬間英作文は、日本語から英文をぱっと作る勉強方法。右ページは手などで隠しながら、左ページの日本語文を見て、それにぴったりな英文を考えましょう。

「解説パート」で学んだ文法を使って、素早く英文を作れるようになることが目標です。答えの英文を覚えるのではなく、文法を理解して自分の力で英文が作れることを目指しましょう。

全ての英文をネイティブと一緒に作っているから、家や職場ですぐに使える英文ばかり。

英文ごと、解説コメントも充実です。

学習の進め方

「解説1-1」を読んだら「英作文1-1」をやるというように、1項目ずつ進めていくのがおすすめです。

ぼくらの瞬間英作文　もくじ

（1日目）be動詞と形容詞

2日目 時制の基礎

（3日目）助動詞と疑問詞

4日目　動詞の扱い方（応用編）

5日目 名詞の扱い方（応用編）

6日目 比較と様々な表現

7日目 前置詞の使い分け（ニュアンス編）

監修協力	Jeffrey Hadley
装丁・本文デザイン	Isshiki（柴田琴音、青木奈美）
DTP	美創

be 動詞と形容詞

まずは、基本となる
be 動詞と形容詞を学びます。

1-1 be動詞の基本（通常文）

┊┉ be動詞「主語は○○だ」

be動詞は「**主語がどんなものか**」を表す動詞です。

「主語 ＋ be動詞 ＋ ○○」と並べることで「主語は○○だ」という意味を作ります。

be動詞の後には、「形容詞」もしくは「名詞」を置くことができます。

主語	be動詞	○○
She	is	kind.（彼女は優しい）
I	am	a musician.（私は音楽家です）

名詞の前には数を表す言葉（冠詞）を置きます。

上の例では、is と am という2つの be動詞が出てきました。
英語は**主語によって動詞の形を変化させる言葉**です。

be動詞は以下のルールで変化します。

主語	be動詞
自分（I）	am
話し相手（you）	are
上の2人以外 （he / she / the boy など）	is
複数の人 （we / they / the boys など）	are

be という形は「原形」と呼ばれています。

1-2 be動詞の基本（否定と疑問）

否定文の作り方

be動詞の文章を否定文にするときは、**be動詞のすぐ後に** not **を付け加えます。**

> You are cute.（君は可愛いね）
>   ↓
> You are not cute.（君は可愛くないね）
>
> It is simple.（それは単純です）
>   ↓
> It is not simple.（それは単純ではない）
>
> 「You are not = You're not」「is not = isn't」
> 上記のように省略もできます。
> リズムが良くなるので、普段から省略形で話すのがおすすめです。

疑問文の作り方

be動詞の文章を疑問文にするときは、**be動詞を文のあたまに移動させます。**

疑問文は順番を入れ替えて作ります

You are there. （君はそこにいるね）

↓

Are you there? （君はそこにいるかい？）

I am right. （私は正しい）

↓

Am I right? （私は正しいかな？）

be動詞の代わりになる言葉

be動詞の代わりに使える動詞

be動詞の**代わりに使える動詞**がいくつかあります。

be動詞が「**あれは〜だ**」と断定的に言うのに対して、look / sound / seem を使うと「**〜のようだ**」「**〜みたいだ**」という、推測を混ぜたニュアンスを伝えられます。

The question is difficult.（その問題は難しい）
　　　　　　↓
The question seems difficult.
（その問題は難し**そうだ**）

You are hungry.（君はお腹が減っている）
　　　　↓
You look hungry.（君はお腹が減ってい**そうだ**）

look / sound / seemの違い

使い方がそれぞれ違います。
look は見た目から判断して「**〜のようだ**」という意味。

sound は耳で聞いた内容に対して「〜みたいだ」と使います。

seem は「**状況で判断している**」ニュアンスが含まれます。
見た目では分からないけど、誰かの置かれている状況や周りの
話などから判断している感じです。
（話し手の推測を伝えるこうした動詞を「知覚動詞」と呼びます）

名詞を続ける場合

後ろに名詞を続けたいときは「**seem to be**」もしくは「**like
を加える**」という形で使います。

It seems to be his birthday.
（彼の誕生日みたいだ）

That sounds like Dave's song.
（あれはデイブの曲みたいだ）

・like は look / sound / seem のどれにも使えます。to be は「seem to
be」という形でしか使えません。
・like を使うと「本物とは違うけれど、〜みたいだ（似ている）」という意
味になります。

tired と tiring の使い分け

今回の問題文（p40、41）には tired と tiring など、「**単語の
後ろが違う形容詞**」がいくつか出てきます。

tir**ed**	↔	tir**ing**
（疲れた）		（疲れさせる）
interest**ed**	↔	interest**ing**
（興味を持った）		（興味を持たせる）

ing が付いた形容詞は「〜させる」という意味で、**ものと一緒によく使います。**
それに対して、ed が付いた形容詞は「〜された状態」を表すため、**人と一緒によく使います。**

a bor**ing** movie
（退屈な映画）

↓ それを見た結果

She looks bor**ed**.
（彼女は退屈していそう）

⠿ 動詞の s について

be動詞以外の動詞は、主語が「自分と話し相手以外の人で、かつ複数人でないとき」に s を付けます。（「3人称単数」という呼び方をします）

主語	動詞
自分（I）	look （変えない）
あなた（you）	look （変えない）
第三者 （he / she / the boyなど）	looks （お尻に s を付ける）
複数の人 （we / they / the boysなど）	look （変えない）

動詞によって、別の形に変化するものもあります。

原形	3人称単数の形
do	does
go	goes
have	has
study	studies
play	plays

お尻が o で終わる単語は es を付ける、「子音 + y」で終わる単語は y を取って ies を付けるといった具合です。（「have」→「has」は例外です）

1-4 形容詞と名詞

⋮⋮⋯ 形容詞で名詞を説明する

名詞の前に「形容詞」を置くことで、**その名詞を詳しく説明する**ことができます。

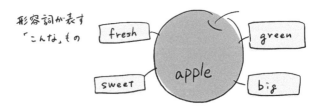

It's an apple.（りんごです）

   ↓

It's a big apple.（大きなりんごです）

It's a tasty apple.（美味しいりんごです）

That looks like a green apple.

（青りんごみたいですね）

形容詞は基本的に「冠詞」と「名詞」の間にはさみます。

形容詞と名詞の組み合わせで、表現の幅がぐんと広がります。いろんな組み合わせを作ってみましょう。

that と it の使い分け

今回の問題文 (p42、43) では、that と it がよく出てきます。どちらも「それ」という意味ですが、使い分けられると良いでしょう。

it は主に自分が話したことについて何かを言うとき、**that は相手が話していること**について言うときに使います。

A: I bought a new car.

A: It's really nice. You should come drive with me!
(いい車だから、一緒にドライブしようよ)

B: That's nice! I'd love to!
(いいですね！ぜひとも！)

疑問詞の使い方

::::· 疑問詞の使い方

今回は「疑問詞」を使った文章を学びます。

疑問詞の1つ How（どのような）を使って、How is 〜？（〜はどうですか？）という疑問文を作ることができます。

How is your room?（部屋はどうですか？）

How are you?（あなたの調子はどうですか？）

How is Tokyo?（東京はどうですか？）

be 動詞は、主語によって am / are / is と変形します。

疑問詞には、他に以下の種類があります。

When	いつ	**Where**	どこで
Who	誰が	**What**	何を
Why	なぜ	**Which**	どちらの
Whose	誰の	**Whom**	誰に

最近の英語では whom はあまり使わず、代わりに who を使うことが多くなっています。

疑問詞を入れ替えて、それぞれの意味の疑問文を作ることができます。

What is that?（あれは**何**ですか？）

Who is that?（あれは**誰**ですか？）

When is it?（それは**いつ**ですか？）

Why is that?（それは**なぜ**ですか？）

Whose is this?（これは**誰のもの**ですか？）

How の後に形容詞を加える

How に big を加えて、How big（どのくらい大きいですか）など、**疑問詞の後に言葉を加えると、詳しい質問をすることができます。**

How is your bag?（バッグはどうですか？）
↓
How much is your bag?
（バッグはどのくらいの値段ですか？）

How old is your bag?
（バッグはどのくらい古いですか？）

How good is your bag?
（バッグはどのくらい良いですか？）

How の後にはほとんどの形容詞を入れることができます。
色んな形容詞を入れ替えて、疑問文を作ってみましょう。

1-6 形容詞を後ろから付けるとき

今回は、形容詞を名詞の後に置くパターンを学びます。
基本的には形容詞は名詞の前に置いて使うものですが、主に3つのケースで後ろに置いて使います。

① something や anybody などを説明するとき

~thing / ~one / ~body で終わる代名詞に付ける形容詞は、**例外なく後ろに置きます。**

形容詞は something の あとに続きます

I want something sweet.
（何か甘いものが欲しい）

Something bad happened yesterday.
（昨日、悪いことが起こった）

② 形容詞に他の言葉が続くとき

形容詞の部分が2語以上になるときは形容詞から先を名詞の後に置きます。（名詞と形容詞が離れないようにするためです）

I like the park close to the library.

（図書館近くの公園が好きです）

I read the newspaper left on the bench.

（ベンチに置いていかれた新聞を読んだ）

2 単語以上で使う形容詞の例

next to（〜の隣の）/ close to（〜の近くの）/ full of（〜で満杯の）/ specific to（〜に特有の）/ related to（〜に関係する）/ based on（〜に基づいた）/ similar to（〜と似た）

③ 形容詞に「一時的なニュアンス」を持たせる

形容詞を名詞の前に置くと、基本的には「普段から〜だ」という意味を表します。

そうではなく、**「今だけ一時的に〜だ」というニュアンスを持たせたいときに形容詞を後ろに置く**ことができます。

（動名詞（〜ing）と、responsible などの 〜ble で終わる形容詞でよく使います）

The woman talking is really beautiful.

（今話している女性は、本当にきれいだ）

We have some seats available.

（今は座れる席がいくつかあります）

‥・「〜するのは難しい」

difficult や easy など、難しさを表す形容詞の後に to不定詞を続けると、「**何をするのに難しいのか、簡単なのか**」を表すことができます。

toを使って内容を「あとづけ」

He is difficult ← to work with.

His question is **easy** to answer.
(彼の質問は答えるのが簡単だ)

It is **impossible** to believe.
(それは信じるのが不可能だ)

〈この使い方ができる形容詞グループ〉

good（〜するのは良い・するのに適している）

difficult / hard（〜するのは難しい）

easy（〜するのは簡単だ）

safe（〜するのは安全だ）

possible（〜するのは可能だ） など

too 形容詞「〜すぎる」

上記の形容詞以外でも、too（〜すぎる）を付けることで「**何かをするのに〜すぎる**」という意味を作ることができます。

1-7

His story is **too boring** to listen to.
（彼の話は聞くにはつまらなすぎる）

I'm **too tired** to continue my job.
（仕事を続けるには疲れすぎている）

形容詞 enough「十分〜だ」

too の代わりに enough（十分〜だ）を使うこともできます。
enough は形容詞の後に付けて使います。

This box is **big enough** to fit them all.
（その箱は、全部入れるのに十分大きい）

His report is **long enough** for the application.
（彼のレポートは、応募するのに十分長い）
後ろに名詞を続けたいときには for 〜 を使います。

どの場合も、to から先の文章は必要なければ省略することも可能です。

His story is **too boring**.（彼の話はつまらなすぎる）

1-1 be動詞の基本（通常文）

☐ （私は）お腹が減った。

☐ 疲れました。

☐ 楽しみです。

☐ 自信があります。

☐ 同僚は緊張しています。

☐ 同僚はイライラしています。

☐ 同僚は恥ずかしがっている。

☐ 息子が面倒くさがりだ。

☐ 私は好き嫌いが多い。

☐ 彼女は親しみやすい（親切だ）。

I'm hungry.

I'm tired.

I'm excited.
💬 I'm looking forward to it. でも ok

I'm confident.
💬 I feel confident. や I'm feeling confident. でも ok
I'm positive.（間違いありません）も ok

My co-worker is nervous.
💬「同僚」は colleague でも ok

My co-worker is stressed.
💬 stressed（仕事などでイライラしている）→ annoyed（誰かにイライラしている）
でも ok

My co-worker is embarrassed.

My son is lazy.

I'm picky.
💬 picky - 選り好みする、好き嫌いの多い
I'm a picky eater. でも ok（食べ物に対しての場合）

She is friendly.
💬 kind でも ok

1-2 be動詞の基本（否定と疑問）

☐ （あなたは）怒ってる？

☐ （あなたは）緊張してる？

☐ 彼女はイライラしてる？

☐ 彼女は恥ずかしがってる？

☐ （私は）自信がありません。

☐ 上司は厳しくない（口うるさくない）。

☐ クライアントは満足していない。

☐ 同僚が話しかけづらい（友好的でない）。

☐ 取引先はがっかりしてる？

☐ 彼女は興味を持っていない。

Are you angry?

Are you nervous?

Is she stressed?
💬 この場面では annoyed はあまり使いません。

Is she embarrassed?

I'm not confident.
💬 I don't have confidence. でも ok

My manager is not strict.
💬「上司」は boss でも ok

My client is not satisfied.
💬 My client doesn't feel satisfied. でも ok

My colleague is not friendly.
💬 .. is difficult to talk to. でも ok

Is the client disappointed?
💬 our client でも ok

She is not interested.

1-3 be動詞の代わりになる言葉

☐ 美味しそう。

☐ 苦そう。

☐ このレストランは良さそう。

☐ それはつまらなそうです。

☐ それは疲れそうだね。

☐ 疲れているようね。

☐ その写真は恥ずかしそうです。

☐ その説明書は混乱しそうです。

☐ 今日は父にとって特別な日のようだ。

☐ 今日の夕飯はシチューみたい。

It looks good.
🔵 tasty や delicious でも ok
料理が出てきたときに、見た目で「美味しそう」と言っているので looks がぴったりです。

It looks bitter.

This restaurant seems nice.
🔵 looks でも ok

That sounds boring.

That sounds tiring.

You look tired.
🔵 seems でも ok

That picture looks embarrassing.

That manual looks confusing.
🔵 manual → guidebook でも ok

It seems to be a special day for my dad.
🔵 It seems like ~ （特別な日みたいだ）でも ok

Today's dinner seems to be stew.

1-4　形容詞と名詞

- [ ] （それは）つまらない話です。

- [ ] （それは）疲れる仕事です。

- [ ] ワクワクする日だね。

- [ ] ひどい一日だ。

- [ ] イライラする仕事です。

- [ ] 私は平均的な人間です。

- [ ] 彼は悪い人間みたいだ。

- [ ] それは変なルールですね。

- [ ] それは買えそうな値段ですね。

- [ ] これは複雑な問題なんだ。

It's a boring story.

It's a tiring job.
It's tiring work でも ok

It's an exciting day.

It's a terrible day.
awful でも ok

It's a stressful job.
It's stressful work. でも ok

I'm an average person.
normal（普通の）でも ok

He seems like a bad person.
名詞を続けているので seems like を使っています。
looks like（見た目判断）でも ok

That's a strange rule.
That sounds like a strange rule. も ok

That's a reasonable price.
reasonable（妥当な、手頃な）の他に affordable（手の届く）でも ok

This is a complicated problem.
complicated - 複雑な、入り組んだ
difficult（難しい）でも ok

1-5　疑問詞の使い方

☐　部屋はどうですか？

☐　仕事はどうですか？

☐　これはどうですか？

☐　あの赤いものは何ですか？

☐　君のはどっち？

☐　どのくらい高いの？（値段）

☐　どのくらい正確なの？

☐　どれくらいお腹すいたの？

☐　その仕事はどのくらい難しいの？

☐　彼女はどれくらい体調悪いの？

How is your room?

How is your job?
● 親しい間なら How is work? とも言います。

How is this?
● How about this? でも ok

What is that red thing?
● red one（赤いもの）という表現もあります。one は、他に似たようなものがあって「こっちのものは何？」と比べるときに使います。

Which is yours?
● Which one is yours? でも ok

How expensive is it?

How accurate is it?

How hungry are you?

How difficult is the job?
● task でも ok

How sick is she?
● How bad is she feeling? なども ok

1-6　形容詞を後ろから付けるとき

- [ ] 可笑しいことがあった。

- [ ] ひどいことがあった。

- [ ] 怖いことがあるかもしれない。

- [ ] 変なことがあった。

- [ ] 苦いものがほしい。

- [ ] 味の濃いものが欲しい。

- [ ] 彼の隣の人は誰？

- [ ] 責任者は誰ですか？

- [ ] ここから近い郵便局はどこ？

- [ ] これと関係する資料、探してくれる？

Something funny happened.

Something terrible happened.

1-6

Something scary may happen.
● will や could なども ok

Something strange happened.

I want something bitter.

I want something rich.

Who is that person next to him?

Who is the person responsible?
● responsible → in charge でも ok
the responsible person にすると「責任感が強い人」という意味に聞こえます。

Where is the post office close to here?
● close to → near でも ok

Can you look for documents related to this?
● look up（ネットで探す）でも ok

1-7 形容詞に to を続ける表現

☐ これは今食べるには熱すぎる。

☐ コーヒーは私には苦すぎる。

☐ このスープは全部飲むにはしょっぱすぎる。

☐ 十分安いよ。

☐ 十分いいよ。

☐ それは信じがたい（信じるには難しい）。

☐ それは簡単に答えられます。

☐ あの映画は彼らには怖すぎた。

☐ 今日終わらせるには多すぎる仕事がある。

☐ 彼らの提案は受け入れるには高すぎる。

This is too hot to eat now.

Coffee is too bitter for me.
● 特定のコーヒーなら the coffee や this coffee、一般的なコーヒーのことを言いたければ冠詞を付けずに coffee とします。

This soup is too salty to drink it all.
● to finish drinking it でも ok

It's cheap enough.

It's good enough.

That's hard to believe.
● difficult でも ok

That's easy to answer.

That movie was too scary for them.

There is too much work to finish today.
● I have ~ でも ok
「多すぎる仕事」は too many tasks でも ok

Their proposal is too expensive to accept.

時制の基礎

今・普段・過去・未来。
4つの時制の使い分けを学びましょう。

2-1 時制の基本（今と普段）

:::·時制について

英語は、何かを話すときに「**それがいつのことなのか**」をきちんと伝える言葉です。

「**今と、過去と、未来と、普段**」。
4つの時間があって、どの時間帯のことなのかを**動詞の形を変化させて表します。**（この4つの時間帯のことを「時制」と呼びます）

:::·「普段の時制」現在形

「**いつも〜している**」と、普段からやっていることを伝えるときは、動詞に「**現在形**」を使います。

主語	動詞	＋α
I	walk	to school.

（私は普段から学校へ歩いていく）

He   studies   English.

（彼は普段から英語を勉強している）

・現在形を使うとその行為を一度だけでなく、**日常的に何度も繰り返している様子**が伝わります。
・基本的に動詞の原形をそのまま使い、主語が 3 人称単数のときにはお尻に s を付けます。

⋮⋮ 「今の時制」現在進行形

今行っていることや、長く続けるつもりがないことを表すには「現在進行形」を使います。

現在進行形は「be + 動詞のing」という形で表します。

進行形は「今だけ」やっていること

今日は集中…

主語	動詞	+ α
I	'm walking	to school.

（私は学校へ歩いているところ）

He	is studying	at university.

（彼は今のところは大学で勉強している）

↑「今勉強している最中」という意味もあります。

・現在形が何かを複数回行っているイメージなのに対して、**現在進行形は一度だけ行っているイメージです。**
・主語に合わせて be動詞の形を変え、メインの動詞は ~ing の形にします。

like（〜が気に入っている）、want（欲しいと思っている）など、進行形にしなくても元々「〜している」という意味の動詞があります。

（これらの動詞は、そのときの状態を表すため「状態動詞」と呼びます）

〈状態動詞の例〉

live（住んでいる）

have（持っている）

think（考えている）

hate（嫌っている）

know（知っている）

agree（賛成している）

differ（違っている）

exist（存在している）

understand（理解している）

状態動詞は、**現在形で「〜している」という意味**を作り、一部を除いて**進行形では使いません。**

（進行形でも使えるのは living / thinking / guessing / believing など。これらを進行形で使うと、「一時的に〜している」というニュアンスが強くなります）

2-2 時制の基本（未来）

英語には**未来の文型が主に3つあって**、少しずつニュアンスが違います。それぞれの違いを意識しながら使い分けられるようになると Good です。

「自分の思い、予想を伝える」will

1つ目は will。動詞の前に置いて使います。

will を使った文章は、I や we など自分を主語にすると**「私はこうします」「こうするつもりです」**という意味を、他人やものを主語にすると**「あの人は～するだろう」**という予想を表します。（自分に対しても**「私はこうなるだろう」**という予想を表すこともできます）

will は「するつもり」

I'll pay for you.　（私が支払いますよ）

Maybe she'll come tonight.
（多分、彼女は来ると思います）

・will の後の動詞は必ず原形になります。

- 予想を伝えるときは、「たぶん〜だよ」という意味を作るために、maybe や I think などを一緒に使うことも多いです。
- 代名詞(I や they など)を使うときは、多くの場合 I'll / they'll などの省略形を使います。(省略せずに I will と言うと、「〜します」「やります！」と、自分の意思を強調しているニュアンスになります)

┊┊・「すでに決まっていること」 be going to

will は be going to に置き換えることができます。 多くの場合、**置き換えても意味は変わりません。**

(be動詞は、主語に合わせて am / are / is を使い分けます。be going to の後の動詞はどんなときでも原形になります)

Maybe she's going to come tonight.

（多分、彼女は来ると思います）

「going to = gonna」と省略できます。会話のリズムがよくなるので、普段からこちらで使っていくことをおすすめします。(gonna「ガナ」と発音します)

will はこれから行うことを「**その場で決めた**」ニュアンス、
be going to はそれが「**もともと決まっていた**」ニュアンスを持っています。
この違いで伝えたい内容によって2つを使い分けることもあります。

Ok, I'll call you back.

（そしたら、かけ直すことに**します**）

↑ その場で決めた

Sorry, I'm gonna be with my girlfriend.
（ごめん、彼女と過ごす**予定なんです**）

↑ 前から決めていた

・「100%決まっていること」現在進行形

「今」のことを言うのにも使っていた「現在進行形（be ~ing）」
ですが、未来の時制でも使えます。
現在進行形を使うと、**「もうやることが確定している」「100%する」**というニュアンスが伝わります。

She is coming tonight.
（今夜彼女は来ます）

I'm starting my job next month.
（来月から仕事を始めます）

「今」のことなのか「未来」のことなのか、分かりにくいときは tonight や
next month など、いつのことなのかが分かる言葉を追加して補足します。

否定文と疑問文（今・普段・未来）

ここまでに学んだ時制の、否定文と疑問文の作り方を練習します。

::::・ 現在形の否定文・疑問文

現在形を否定文にするときは、**動詞の前に don't か doesn't を付けます**。

Dad takes the train.
↓
Dad **doesn't** take the train.
（父は普段から電車は使わない）

主語が3人称単数のときに doesn't を それ以外の主語には don't を使います。doesn't を付けたときには、もともと付けていた動詞の s は取り除きます。

疑問文にするときは、**文章のあたまに Do か Does を付けます**。

You walk to school.
↓
Do you walk to school?
（学校まで歩いているの？）

こちらも否定文と同様に、主語が3人称単数のときに does を それ以外

の主語には do を使います。does を付けたときには、もともと付けていた動詞の s は取り除きます。

⁞⁞⁞· 現在進行形と未来の時制

現在進行形と未来の時制（will / be going to）も見ていきます。

否定文を作るときは、**be動詞か will の後に** not を加えます。

〈 **現在進行形** 〉
She's camping.
        ↓
She's not camping.
（キャンプはしていません）

〈 will 〉
I will go to camp tomorrow.
        ↓
I will not go to camp tomorrow.
（明日のキャンプには行きません）

〈 be going to 〉
I'm gonna go to camp tomorrow.
        ↓
I'm not gonna go to camp tomorrow.
（明日のキャンプには行きません）

- not を加えるだけ、他の部分は変えません。
- リズムを良くするために「will not → won't」と省略することが多いです。

疑問文では、be動詞か will を文のあたまに持ってきます。

〈 現在進行形 〉

It's raining.

↓

Is it raining?

（雨降ってる？）

〈 will 〉

It will rain today.

↓

Will it rain today?

（雨降るの？）

〈 be going to 〉

It's gonna rain today.

↓

Is it gonna rain today?

（雨降るの？）

現在形と will の質問にご注意！

疑問文になっても、現在形が「**普段からやっていること**」を表すのは変わりません。

日本語の感覚と違うことがあるので注意です。

「コーヒー飲みますか？」と聞きたいときに

↓

Do you drink coffee?
（普段からコーヒー**飲みますか？**）

現在形なので「いつものこと」を聞く質問です。

正しくは

Do you want coffee?（コーヒーどうですか？）

2-4 時制の基本（過去）

過去を表す文型を2つ紹介します。
違いを意識して使い分けられると Good です。

（過去を表す文型はたくさんありますが、ひとまず一番使用頻度の高い2つを紹介します。残りの文型については「6日目」の章で紹介します）

「シンプルな過去」過去形

動詞の「**過去形**」は「〜をやりました」という意味。
シンプルに過去にやったことを表します。

> I drink coffee in the morning.
> （いつも朝にコーヒーを飲みます）
>
> ↓
>
> I drank coffee in the morning.
> （朝コーヒーを飲み**ました**）

She cooks for me every day.
（彼女は毎日料理を作ってくれる）
　　↓
She cooked for me yesterday.
（彼女が昨日料理をして**くれた**）

過去形は主語に関わらず同じ形になります。

「ニュアンスを加える」現在完了形

have studied（勉強した）/ have done（やり終えた）など、「**have + 過去分詞**」で表す文型を「**現在完了形**」と呼びます。
現在完了形を使うことで、普通の過去形では表せないニュアンスを加えることができます。

主な意味は2つあり、1つ目は用事や仕事など、「**やらないといけないことをやり終えた**」というニュアンスです。

I've written my report.
（論文を書き終えた）

He's cleaned the desk.
（デスクの整理が終わりました）

・どちらも普通の過去形にしても間違いではありません。
・clean / finish / write / read / send など、家事や用事に関わる動詞で
　使うことが多い表現です。

2つ目は**「過去にこういうことをやったから、今はこうだ」**というニュアンス。
昔起きたことを今の話に繋げたいときに使います。

I**'ve drunk** a lot of coffee.
（コーヒーをたくさん飲みました）

↑ コーヒーの影響が今も残っていて、「カフェインはこれ以上要らない」という感じ、もしくは「喉は渇いていない」というイメージが浮かびます。

She **has studied** English in Canada.
（彼女はカナダで英語を勉強した）

↑ 勉強したことが今に活きていて、「カナダの経験でこれだけ話せるようになったんだな」という感じがします。

もう1つの意味「～したことがある」

現在完了形は**「～をしたことがある」**という意味で使うこともできます。

I **'ve been to** Europe.
（ヨーロッパに行ったことがある）

I **'ve made** guacamole once.
（一度ワカモレを作ったことがある）

この意味で使う場合には、「これまでに」という意味の ever や、回数を伝える言葉（once, two times など）と一緒に使うことも多いです。

現在完了形は「**したことがあるか、ないか**」ということに焦点を当てています。「誰と行った」「いつやった」など、**詳細を伝えるときには過去形**を使います。

I **went to** Europe last year.
（去年ヨーロッパに行った）

I **made** guacamole with a lot of spices.
（スパイスをたくさん使ってワカモレを作った）

∷ 過去形と過去分詞の作り方

多くの動詞は、お尻に ed を付けることで過去形・過去分詞になります。

動詞	過去形	過去分詞
play	played	played
cook	cooked	cooked
study	studied	studied
use	used	used

・edがつく動詞は、過去形も過去分詞も同じ形です。
・動詞の最後が「子音＋y」で終わっているものは、y を取って ied を付けます。
・動詞の最後が「e」で終わっているものは、d だけを付けます。

一部の動詞は、**ed を付けるのではなく別の形で過去形・過去分詞になります。**（「不規則動詞」と呼びます）

動詞	過去形	過去分詞
have	had	had
take	took	taken
eat	ate	eaten
do	did	done
be	was / were	been

・不規則動詞は過去形と過去分詞が同じ形の動詞もあれば、違う形の動詞もあります。
・be動詞の過去形は、主語によって was と were を使い分けます。

こちらについては、ある程度の傾向はありますが、最後は覚えていくしかありません。数が多くて一度に覚えるのは難しいので、問題を解く中で少しずつ覚えていけば大丈夫です。

2-5 否定文と疑問文（過去）

過去形の「否定」「疑問」

過去形の文章を否定文にするときは、**動詞の前に didn't を付けます。**

> I drank coffee in the morning.
> ↓
> I **didn't** drink coffee in the morning.
> （朝コーヒーは飲まなかった）
>
> didn't を付けて動詞は原形にします。

疑問文にするときは、**文章のあたまに Did を付けます。**

> You drank coffee in the morning.
> ↓
> **Did** you drink coffee in the morning?
> （朝コーヒーを飲んだ？）
>
> こちらも動詞は原形になります。

現在完了の「否定」「疑問」

現在完了（～したことがある・もうやり終えた）を否定文にするときは、**have の後に否定の言葉**（not や never など）**を入れます。**

never（一度も～しない）を入れると「**今までしたことがない**」という意味を、not を入れると「**まだやっていない**」という意味

を作ります。

I've done my job.
　↓
I have**n't** done my job yet.
（まだ仕事が終わっていない）

「まだ」という意味で yet を文末に加えることがあります。

I've lived in Tokyo.
　↓
I've **never** lived in Tokyo.
（東京に住んだことはない）

never を入れると「一度もしたことがない」という意味を作ります。

疑問文を作るときは、**have だけを文のあたまに移動させます。**

You have done the job.
　↓
Have you done the job yet?
（仕事終わった？）

「すでに」という意味を分かりやすくするために yet を加えることがあります。

You have lived in Tokyo.
　↓
Have you ever lived in Tokyo?
（東京に住んだことある？）

「今まで一度でも」という意味を分かりやすくするために ever を加えることがあります。

2-6 時制の基本（今その2）

今回は、前回学んだ**現在完了形を「今の時制」で使う方法**を学びます。

現在完了形で今を表すと「〜を続けてきた」

現在完了形は「これまで〜してきた」「〜を続けてきた」という意味で使うことができます。

> **I**'ve told you many times.
> （何度も伝えてきたでしょ）
>
> **He** has wanted the watch for a long time.
> （彼はずっとその時計が欲しかった）
> 「今もまだ欲しい」と「今まで欲しかった」というどちらの意味にもなります。文脈で判断します。

この使い方ができるのは基本的には、want / know / like など「~ing」の形が使えない「状態動詞」のみです。

比べてみよう

現在完了形のこの用法と、似た意味の文型を比べてみましょう。

She **works** late every day.

（彼女はいつも残業している）

現在形は、日頃から何度も残業している感じがします。

She **worked** late yesterday.

（昨日は残業してきた）

過去形は 1 回だけ残業したのが分かります。

She's worked late every day for 2 years.

（この2年間、彼女は残業続きだ）

完了形だと、ある程度の期間残業し続けている感じがします。

他の動詞には現在完了進行形

状態動詞以外の動詞で「〜してきた」「〜し続けている」とい
う意味を作りたいときは、「現在完了進行形（have been ~ing）」を
使います。

Mom has been walking.

（ママは最近ウォーキングを続けている）

I 've been living in Tokyo for 2 years.

（東京に2年間住み続けている）

for 2 years（2年間）など期間を伝える言葉を使うと「その間〜し続けている」という意味。何も付けなければ「最近〜している」という意味になります。

2-6

期間を表す for と since

完了形を使っていると、「2年前から続けている」「3時間やっている」など、「続けている期間」を伝えたいことがあります。このときは for（〜の間）と since（〜から）を使います。

We've been working for 5 hours.

（もう5時間も働きっぱなし）

I 've known her since I was 5.

（5才のころから彼女を知っている）

for と since は「続けている期間」を表すので、他の文型ではあまり使いません。

△　**He watched it for 2 hours.**

1回だけを表す「過去形」と for 2 hours がぶつかっている感じがします。（実際は「長い映画のうちの2時間を見た」という意味になります）

◎　**He's been watching it for 2 hours.**

続けていることを表す「現在完了進行形」と for 2 hours がぴったりです。

先ほど、「現在完了形には状態動詞しか使えない」と書きましたが、例外の動詞がいくつかあります。

stay / live / study / work / wait など、「動作をある程度続ける動詞」は、現在完了も現在完了進行形も、**どちらでも使うことができます**。

〈 どちらでも ok 〉
I 've been living in Tokyo for 2 years.
I 've lived in Tokyo for 2 years.
（東京に2年間住み続けている）

I 've been working as an engineer for 10 years.
I 've worked as an engineer for 10 years.
（エンジニアとして10年間働いている）

ニュアンスは若干変わります。have been ~ing はその期間に「行った内容」に注目していて、have ~ed は「やってきた長さ」に注目している感じがします。

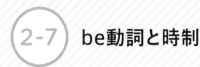

2-7 be動詞と時制

be動詞の文章で「時制」を使い分ける練習をしましょう。

be動詞の未来「～になる」

be動詞の未来は「**主語は～になる**」という意味を作ります。
will be か is going to be を使います。
（is の部分は主語によって変化します）

It is rainy today.
　　　↓
It **will be** rainy today.
（今日は雨になるでしょう）

She is a beautiful lady.
　　　　　↓
She **is going to be** a beautiful lady.
（彼女は美しい女性になるでしょう）

be動詞の過去形「〜だった」

be動詞の過去形は、「**主語は〜だった**」という意味を作ります。
（文脈次第で、「〜になった」という意味でも使えます）

She is kind.
    ↓
She was kind.
（彼女は優し**かった**）

The students are tired.
             ↓
The students were tired.
（生徒たちは疲れ**ていた**）

be動詞の過去形は、was と were の2つがあります。
主語に合わせて、以下のルールで使い分けます。

主語	be動詞（過去形）
現在形に am と is を使う言葉 （I / he / she / the boy など）	was
現在形に are を使う言葉 （you / we / they / the boys など）	were

現在完了「しばらく〜です」

「be動詞の現在完了（have been）」は、「**しばらく〜だ**」「**最近〜だ**」という意味を作ります。

（もしくは「最近まで〜だった」という意味でも使えます。どちらの意味で取るかは文脈で判断します）

She has been here.

（彼女は**しばらく**ここにいる / いた）

The students have been tired.

（生徒たちは**ここのところ**疲れている / いた）

be動詞と時制（否定と疑問）

be動詞の文章の否定文と疑問文を、色んな時制で作る練習をしましょう。

助動詞（will や can など）**がある場合とない場合**で大きく2つのグループに分かれます。

助動詞がない	is going to be（〜になる） was / were（〜だった）
助動詞がある	will be（〜になる） have been（しばらく〜だ）

今回は「現在完了」の have も助動詞の仲間として扱います。

否定文の作り方

否定文を作るとき、助動詞がある場合は **not を助動詞の後に置きます。**
助動詞がない場合は **not を be動詞の後に置きます。**

〈 **助動詞あり** 〉

I have been busy.

　　　↓

I have not been busy.

（私はしばらく忙しくなかった）

〈 助動詞なし 〉

I 'm gonna be busy.

↓

I 'm not gonna be busy.

（私は忙しくならない）

「going to」は、ぜひ「gonna」と省略しましょう。not を付けたときに
「not gonna be（ノッガナビー）」と言え、非常にリズムがよくなります。

2-8

疑問文の作り方

疑問文を作るとき、**助動詞があればそれを文のあたまに移動させます。**
助動詞がない場合は、**be動詞を文のあたまに移動させます。**

〈 助動詞あり 〉

You have been busy.

↓

Have you been busy?

（しばらく忙しかった？）

〈 助動詞なし 〉

You're gonna be busy.

↓

Are you gonna be busy?

（忙しくなりますか？）

get を be動詞の代わりに使う

⋮ be動詞の代わりに get を使う

be動詞の代わりに get（〜になる）を使うことで、**主語が変化する様子**を表せます。これはどの時制でも使えます。

〈過去〉

He was interested.

（彼は興味があった）

↓

He got interested.

（彼は興味を持った）

 was には「〜だった」「になった」の2つの意味があります。通常は「〜だった」という意味で捉えることが多いため、get にすると「〜になった」という意味だけに限定することができます。

〈普段〉

She is angry.

（彼女は怒っている）

↓

She gets angry often.

（彼女はよく怒る）

↑ よく often（しばしば）や easily（簡単に、すぐに）とセットで使われます。

〈 未来 〉

It will be cold soon.

（すぐ寒くなるよ）

↓

It will get cold soon.

（すぐ寒くなるよ）

「未来」で使ったときには、be 動詞 と get を使ったときのニュアンスの違いはほとんどありません。

「〜になってきた」be getting

現在進行形を使って「be getting 〜」とすると、「**〜になってきた**」という、**今まさに変化している様子**を表すことができます。

It's getting dark.（暗くなってきた）

It's getting interesting.（面白くなってきた）

2-1 時制の基本（今と普段）

☐ 会社には歩いて行っています。

☐ 彼は週末に料理してくれます。

☐ 職場ではカジュアルな服を着ています。

☐ 彼女が今日はフォーマルな服を着ている。

☐ 彼女は友達と旅行しています。

☐ 週末の準備をしているところです。

☐ 彼がいつも支払ってくれる。

☐ 彼はよく財布をなくす。

☐ 彼が大事なことを忘れている。

☐ 他の方が使用中です。

I walk to my office.
💬 「普段から歩いている」ので現在形を使っています。
I go to my workplace on foot. なども ok

He cooks (for me) on weekends.
💬 on weekends の代わりに every weekend や on the weekend でも ok

I usually wear casual clothes at work.
💬 at work（職場で）→ in my office でも ok
「普段から着ている」ので現在形を使っています。

She is wearing formal clothes today.

She is traveling with her friend.
💬 友達が複数なら with her friends でも ok
She is on a trip .. でも ok

I'm preparing for the weekend.

He always pays (for me).

He often loses his wallet.
💬 loses（なくす）→ leaves（置き忘れてくる）でも ok

He is forgetting about something important.
💬 an important thing でも ok

Someone else is using it.
💬 someone else（他の人）は another person でも ok

2-2　時制の基本（未来）

☐　福島に引っ越します。

☐　あなたの荷物は明日には着くでしょう。

☐　今日は雨が降るでしょう。

☐　最低でも2日はかかるでしょう。

☐　私たちはあと1時間はここにいるよ。

☐　彼はいい仕事に就くでしょう。

☐　今日は大きなミーティングがある。（100%）

☐　8月上司と出張に行くのが決まっている。（100%）

☐　じゃあ、そのピザを注文します。

☐　OK, じゃあそのホテルを予約するね。

I'm gonna move to Fukushima.
🔵 I will move .. や I'm moving .. でも ok

Your package will arrive tomorrow.
🔵 .. is gonna arrive .. でも ok

It'll rain today.
🔵 It's gonna rain .. でも ok
Maybe（たぶん）や It seems（どうやら）を文頭に付けても ok

It'll take at least 2 days.
🔵 It's gonna .. でも ok
at least ~（最低でも~）は more than ~（~以上）でも ok

We'll stay here for at least 1 hour.
🔵 We're gonna .. でも ok
stay → be でも ok
at least ~（最低でも~）は more than ~（~以上）でも ok

He'll get a nice job.
🔵 get → find（見つける）でも ok
He's gonna .. でも ok

We're having a big meeting today.

I'm going on a business trip with my boss in August.
🔵 a business trip - 出張

Then, I'll order that pizza.
🔵 order → have でも ok
「その場で決めたこと」に対しては will を使うのが自然です。

Ok, I'll book the hotel.

2-3 否定文と疑問文（今・普段・未来）

- [ ] あなたはたくさん食べますか？

- [ ] 彼はたくさん飲む人？

- [ ] 彼は（普段）メガネかけてる？

- [ ] （今から）駅まで行くの？

- [ ] 話聞いてる？

- [ ] パパは（普段）部屋の掃除をしない。

- [ ] それは1週間もかかりません。

- [ ] 100ドルもかからないよ。

- [ ] その上司は時間を無駄にしない。

- [ ] マイクはルールを守らないでしょう（従わない）。

Do you eat a lot?
● 普段のことを聞いているので Do ..? としています。
「今日はたくさん食べますか？」という意味なら Will ..? にしても ok

Does he drink a lot?

Does he wear glasses?

Will you go to the station?
● Are you gonna ..? や 現在進行形でも ok
（現在進行形にすると「すでに玄関まで来ている」などの行動に入っている感じがします）

Are you listening (to me)?

My dad doesn't clean his room.

It won't take 1 week.
● a week でも ok
「普段そんなにかかっていない」と言うときは doesn't でも ok

It won't cost $100.
● It's not gonna cost .. でも ok
「普段そんなにかかっていない」と言うときは doesn't でも ok
「お金がかかる」ときは cost,「時間がかかる」ときは take を使います。

The manager doesn't waste time.

Mike won't follow the rule.
● Mike is not gonna follow .. でも ok
「ルールに従う」は obey でも ok
Mike will break the rule.（ルールを破るだろう）なども ok

2-4　時制の基本（過去）

☐　明日のプレゼンの準備はやってある。

☐　会議室は予約してあります。

☐　先週新しい椅子を買った。

☐　昨日君を横浜で見かけた。

☐　そのインスタグラマーがこの店をおすすめしています。

☐　この動画は彼が撮りました。

☐　新しいデザイナーが先月加わった。

☐　その話は何度も聞いたよ。

☐　その教授は何度もアフリカに行っている。

☐　彼らは空港に着いていて、待っています。

I've (already) prepared for tomorrow's presentation.
● 「既にやってある」と言うときは現在完了のほうが適しています。（普通の過去形でも伝わります）

I've (already) booked the meeting room.
● 規模が大きい場合は the conference room でも ok

I bought a new chair last week.
● 「先週」と言っているので、現在完了は使いません。

I saw you in Yokohama yesterday.
● 「昨日」と言っているので、現在完了は使いません。

The Instagrammer recommended this store.
● 「普段からおすすめしている（現在形）」よりも、「一度おすすめした」という意味で過去形を使うのが一般的です。

He took this video.
● 現在完了でも ok（現在完了だと「誰がやったか」ではなく、「すでに撮り終えたこと」に焦点が当たる印象になります）

A new designer joined last month.
● joined → was assigned here でも ok

I've heard that story many times.
● 普通の過去形でも ok
heard → listened to でも ok

That professor has been to Africa several times.
● 「行ったことがある」と言うとき、go の過去分詞は been を使います。

They've arrived at the airport and they're waiting.
● 今も待っているので、have arrived（現在完了）がぴったりです。

2-5 否定文と疑問文（過去）

- [ ] トルコ料理食べたことある？

- [ ] 24 時間連続で寝たことある？

- [ ] お店見つかった？

- [ ] 私はやってません！

- [ ] 彼女はミーティングに参加しなかった。

- [ ] もう1週間彼のことは見ていない。

- [ ] もう1ヶ月オフィスに行ってない。

- [ ] アフリカには行ったことがない。

- [ ] もう彼女のこと誘ってくれた？

- [ ] あんな彼は見たことがない。

Have you ever eaten Turkish food?
- eaten の代わりに tried（試したことある？）でも ok
  ever を抜いても ok

Have you ever slept for 24 hours straight?
- straight - 連続で（in a row も同じ意味で使えます）
  ever を抜いても ok

Did you find the store?
- Have you found the store? でも ok（「もう見つけた？」という意味になります）

I didn't do that!
- 現在完了だと「私はまだやっていない」という意味になります。

She didn't join the meeting.
- She wasn't in the meeting. でも ok

I haven't seen him for a week.
- 「しばらく〜していない」という意味でも現在完了が使えます。

I haven't been to the office for a month.

I've never been to Africa.

Have you invited her (yet)?
- Did you invite her? でも ok

I've never seen him like that.

2-6　時制の基本（今その2）

- [ ] 私たちは5時から飲んでいる。

- [ ] 父は朝から掃除している。

- [ ] 彼はたくさんの生徒を教えている。

- [ ] 彼女はたくさんの生徒を教えてきた。

- [ ] 彼はたくさんのTV番組を作ってきた。

- [ ] 1週間も雨が続いている。

- [ ] 次のチャンスを待っているんだ。

- [ ] （最近）スペイン語を勉強してる。

- [ ] 手荷物チェックに2時間かかっている（2時間もチェックしている）。

- [ ] 私の会社は経験のある人材を採用し続けています。

We've been drinking since 5.

◉「飲み続けている」という意味なので、現在完了進行形を使います。

My dad has been cleaning since this morning.

He teaches many students.

◉「普段からたくさん教えている」という意味で現在形を使っています。

She has taught many students.

◉「これまで教えてきた」と言うときは現在完了を使います。
has been teaching でも ok

He has made many TV programs.

◉ made → created や directed（指揮してきた）でも ok
has been making でも ok

It has been raining for a week.

I'm waiting for the next chance.

◉ chance → opportunity でも ok
「待っている」と言うだけなら現在進行形で大丈夫。「待ち続けている」のなら、現在完了進行形にします。

I've been studying Spanish (recently).

◉「最近」としっかり言いたいときは、recently や these days を入れても ok

They have been checking our baggage for 2 hours.

◉ It has taken 2 hours to check our baggage. なども ok

My company has been hiring experienced people.

◉ experienced - 経験のある
keeps hiring でも ok

2-7　be動詞と時制

☐　昨日は眠たかった。

☐　ステージ前で緊張していました。

☐　最近疲れている。

☐　彼女は朝からイライラしている。

☐　彼はこの会社にとって重要になるよ。

☐　10日間も入院しています（病院に入っています）。

☐　ここ1週間体調が悪い。

☐　500ドルあれば、旅行には十分だよ。

☐　彼女の心理学の授業はとても実用的だった。

☐　昨日のミーティングでは、同僚が失礼な態度でがっかりしている。

I was sleepy yesterday.

I was nervous before the stage.
● was → got でも ok

I've been tired (recently).

She has been stressed since this morning.

He'll be important for this company.
● is gonna be でも ok

I've been in a hospital for 10 days.

I've been sick for a week.

$500 will be enough for the trip.
● 旅行が未来のことなので will be を使っています。
代わりに is gonna be や is でも ok（is だと、かなり自信がある感じに聞こえます）

Her psychology classes were very practical.
● practical（実用的）は valuable（価値がある）でも ok
授業が複数回あったことをイメージしているので classes としています。

I'm disappointed because my co-worker was rude in
the meeting yesterday.

2-8 be動詞と時制（否定と疑問）

☐ 先週忙しかった？

☐ 彼は満足してた？

☐ 最近疲れてる？

☐ 最近調子いいですか？

☐ 全く自信がありませんでした。

☐ そこのトイレはきれいじゃなかったよ。

☐ この場所は最近安全じゃない。

☐ 6時じゃ暗くならないだろう。

☐ そんなに悪くなかったよ。

☐ 駅は8時には混むかな？

Were you busy last week?

Was he satisfied?
● Did he look satisfied?（満足そうでしたか？）なども ok

Have you been tired (recently)?

Have you been good (recently)?
● Have you been doing good?（うまくやってる？）や Have you been feeling good recently?（体調はいいですか？）とも言います。

I wasn't confident at all.
● at all - 全く、全然（通常否定文で使います）
I didn't have any confidence at all. も ok

The restroom wasn't clean.
● 公衆トイレは、アメリカでは restroom, イギリスでは toilet と言います。

This place hasn't been safe (recently).
● It has not been safe here. でも ok

It won't be dark at 6.
● 現在形で It doesn't get dark at 6. と言っても ok（「普段は 6 時では暗くならないよ」というニュアンスです）

It wasn't so bad.

Will the station be crowded at 8?
● Is the station gonna be ..? でも ok

2-9 get を be動詞の代わりに使う

☐ お酒弱いんです（すぐ酔っ払います）。

☐ あがり症なんです（すぐ緊張するんです）。

☐ 彼女は方向音痴？（道を間違えやすい？）

☐ すぐ暖かくなるでしょう。

☐ あなたのシャツはすぐ乾くよ。

☐ 冬だと5時ごろ暗くなる。

☐ 上司がよくイライラする。

☐ 彼女は（普段から）風邪をひかない。

☐ 混んできたね。

☐ 風が出てきた。

I get drunk easily.
💬 I can't drink much.（たくさん飲めません）とも言います。

I get nervous easily.

Does she get lost easily?
💬 easily → often でも ok

It'll get warm soon.
💬 is gonna でも ok
get → be や become でも ok

Your shirt will get dry soon.
💬 get → be でも ok
soon（すぐ）→ quickly（早く）でも ok

It gets dark around 5 in winter.
💬 普段の話なので、現在形を使っています。
「5 時ごろ」は at about 5 でも ok

My manager gets stressed easily.
💬 .. often gets stressed. でも ok

She doesn't get sick.

It's getting crowded.

It's getting windy.

3

助動詞と疑問詞

動詞に様々な言葉を加えて、
表現できることを増やしましょう。

副詞の使い方

::: 副詞を使おう！

文章を強調したり弱くしたり、**他にも色んなニュアンスを追加する言葉をまとめて「副詞」と呼びます。**

She runs quickly.（彼女は**素早く**走る）

He runs slowly.（彼は足が**遅い**）

My teacher runs awkwardly.
（先生は走り方が**ぎこちない**）

最後に -ly が付く単語はほとんどが「副詞」ですが、それ以外にも色んな副詞があります。

形容詞が「名詞」を説明するときに使うのに対して、**副詞は「名詞以外」について説明するものをまとめた呼び方**です。
そのため、later（あとで）のように時を表すもの、abroad（外国に）のように場所を表すものなど、様々なものがあります。

形容詞	名詞を説明
副詞	名詞以外を説明 （動詞・形容詞・文章全体）

副詞の位置と種類

副詞は**文章の中で色んな場所に置けることが多い**ですが、種類ごとにある程度の傾向があります。

「**いつのことなのかを伝える副詞**」は、文の一番はじめか文の最後に置くことが多いです。

I'll see you later.（**あとで**会いましょう）

Recently, my boss was fired.
（**最近**、上司がクビになった）

副詞を文の一番はじめに置くときは、その後に「,」を入れるルールがあります。

「**どのくらいの頻度でやっているのかを表す副詞**」は、動詞のすぐ前に置くことが多いです。

She always smiles at me.
（彼女は**普段から**笑顔でいてくれる）

I sometimes travel by myself.
（私は**時々**一人で旅をする）

「動詞にニュアンスを加える副詞」は、動詞のすぐ前か文の最後に置くことが多いです。

The lady touched me softly.
（女性は私に**やさしく**触れた）

Mom mostly got it.
（ママは**ほとんど**分かってくれた）

Dad has already done it.
（父は**すでに**終わらせている）

助動詞(will や have)が付いていても、副詞は**メインの動詞の前**に置きます。

副詞は、形容詞にニュアンスを加えることもできます。
「形容詞にニュアンスを加える副詞」は、形容詞のすぐ前に置きます。

My boss is so stressed.
（上司が**すごく**イライラしている）

Your answer is definitely right.
（君の答えは、**絶対に**間違いない）

3-2 便利な動詞 have と take

::: 便利な動詞を使おう

have / take / make / get は、**本当にいろいろな使い方ができる動詞**です。

色々使える have

have a break
休憩する

have a beer
1杯やる

have a seat
席につく

これらの動詞だけで多くのことが言えるので、何かを言おうとしたときに、まずこれらが使えないかを考えてみると素早く言えることも多いでしょう。

::: have と take

それぞれのメインの意味は、have（持つ）/ take（取る）です。

I have my own house.
（自分の家を持っています）

Can you take the phone call?
（電話を取ってくれますか？）

「そこにあるものを取ってくれますか？」と言いたいときは Can you give me that pen? など、give を使います。

目に見えるものだけでなく「**機会を持つ**」「**関係を持つ**」「**時間を取る**」など、目に見えないものを「持ったり取ったり」するのにも使えます。

We had dinner together.
（一緒に夕飯を**とった**）

We have a good relationship.
（私たちはいい関係を**持っている**）

Let's take a rest.
（少し休憩を**取ろう**）

---

 have と take の両方が使える場合

席につく	have a seat take a seat
休みを取る	have a rest take a rest

どちらも使えるような場合は、have を使ったほうが気軽に言っているニュアンスがあります。
（例えば take a seat（着席する）に対して、have a seat（席に座る）と言っているような感じです）

「～がある」have と there is

「質問があります」「トイレはありますか？」など、「**～が
ある**」と言いたいときに have が使えます。

   I **have** a question.（質問があります）

   Do you **have** a restroom?（トイレはありますか？）

同じように「～がある」という意味の言葉に there is ～
があります。（主語によって is は are に変えます）

   There is a problem.（問題があります）

   Is there a restroom?（トイレはありますか？）

日本語にすると同じ「～がある」ですが、there is ～ を使
うと、have に比べて「**主語との間に距離がある**」ように
感じます。

   I **have** a question.
   「私が聞きたい質問」があると言っている

   There is a question.
   「質問が届いている」というニュアンス。（話している人自身は質問していない）

3-3 便利な動詞 make と get

::: make と get

それぞれ、メインの意味は make（作る）/ get（手に入れる）です。

make money

He made a table.（彼はテーブルを作った）

She got a new job.（彼女は新しい仕事に就いた）

「利益を生む」「決定をする」など、日本語では「〜する」という表現も「**そこにないものを生み出す**」という感覚で make を使うことがあります。

make a profit （利益を生む）

make a decision （決定する）

::: 形容詞を加えよう

これらの表現は基本的に「make + 名詞」という形を作り

ます。

これが便利なのは、**簡単に形容詞を加えられる**ことです。

He will make a decision.（彼は決定する）
↓
He will make a big decision.

（彼は大きな決定をする）

He will make an important decision.

（彼は重要な決定をする）

代わりに「decide（決定する）」という動詞を使うと、こういった意味を作るのが難しくなります。

3-4 What と How を使った疑問文

::: 疑問詞を使おう

今回は、様々な時制で「疑問詞 (what や how など)」を使って質問をする練習をします。

疑問詞の質問は、**通常の疑問文のあたまに疑問詞を加えて作ります**。

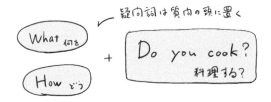

Do you play football?
(サッカーはしますか？)
↓
When do you play football?
(**いつ**サッカーをしていますか？)

Will he watch the movie?
(彼は映画を観るの？)
↓
Where will he watch the movie?
(彼は**どこで**映画を観るの？)

聞きたい内容によっては、**目的語**（動詞の後の言葉）**がなくなる**ことがあります。これは、聞きたいことを疑問詞に置き換えているからです。

Do you like football?
（サッカーは好きですか？）
↓
What do you like?
（**何が**好きですか？）

Will you go to the museum?
（美術館に行きますか？）
↓
Where will you go?
（**どこに**行きますか？）

:::· 疑問詞の後に言葉を加える

疑問詞の後に**言葉を加えて質問の内容を詳しくする**ことができます。

What do you like?（何が好き？）
↓
What movie do you like?（何の**映画**が好き？）

How often do you watch movies?
（どのくらいの**頻度**で映画を観るの？）

What kind of food do you like?
（何の**種類の食べもの**が好き？）

3-5 その他のWH疑問文 （Where / When / Who / Why）

::: 色んな疑問詞を使おう

What と How 以外の疑問詞を使う練習をしましょう。

who when where

疑問詞を入れ替えることで、色んな質問を作ることができます。

What did you watch?
（何を観たの？）

↓

When did you watch the movie?
（いつ映画を観たの？）

Who did you watch the movie with?
（誰と一緒に映画を観たの？）

::: 前置詞の扱い方

もともとの文に前置詞があった場合に、その前置詞はそのまま残します。

Did you pay with cash?
（現金で払ったの？）

↓ with が入っているので、そのまま残す

What did you pay with?
（何で払ったの？）

What did you pay for?
（何のために払ったの？）

前置詞を変えることでも、質問の内容が変わってきます。

3-6 疑問詞が主語になる表現

::::· 疑問詞を主語にする

「誰が〜ですか？」「何が〜ですか？」という質問は、通常の文の**主語を疑問詞に置き換えて**作ります。

主語が分からないときの質問
Who is talking with her?

He likes coffee.
（彼はコーヒーが好き）
　　↓
Who likes coffee?
（**誰が**コーヒーを好き？）

This salt makes a difference.
（この塩が違いを生むのよ）
　　　　↓
What makes a difference?
（**何が**違いを生みますか？）

They will play together.

（彼らが一緒にプレイします）

↓

Who will play together?

（**誰が**一緒にプレイしますか？）

人には who を、ものには what を使います。

3-6

3-7 助動詞1（can と should）

can と should

今回は can と should の使い方を練習します。

can と should は、どちらも「助動詞」というグループの仲間。助動詞は動詞の前に置いて使い、後に続く動詞は**必ず原形になる**というルールがあります。

I can drive.
（私は運転できます）

She should cook by herself.
（彼女は自分で料理したほうがいい）

can は「〜できる」、should は「〜するべき」という意味です。

助動詞の否定文

助動詞の文章を否定文にしたいときは、**助動詞の後に not を付けます。**

Mom can not drive.

（ママは運転できない）

She should not cook.

（彼女は料理しないほうがいい）

リズムをよくするために、「can not = can't」「should not = shouldn't」
と省略しましょう。

⋮⋮⋮ 助動詞の疑問文

3-7

助動詞の文章を疑問文にするときは、**助動詞を抜き出して文の
一番前に置きます。** その他は変更しません。

Can you drive?

（運転できますか？）

Should I help her?

（彼女を手伝ったほうがいいですか？）

3-8 助動詞2（have to / want to）

have to / need to

have to と need to は「〜しなければいけない」という意味。
前回学んだ can や should のように、動詞の前に置いて使います。

She has to wake up early.

（彼女は早起きしないといけない）

We needed to finish the job by 12.

（12時までに仕事を終わらせないといけなかった）

・have to と need to はほとんど同じニュアンスです。
・過去形（had to）は「〜しなければいけなかった」、現在形は「これから〜
　しないといけない」という意味。will have to にすると「この先〜しない
　といけなくなるだろう」という予想になります。

want to「〜がしたい」

動詞の前に want to を置くと、「〜がしたい」という意味を作
ることができます。

I want to wake up early tomorrow.
（私は明日早起きしたい）

She wanted to finish the job early.
（彼女は仕事を早く終わらせたかった）

リズムを良くするために「want to = wanna」と省略します。

否定文と疑問文

have to / need to / want to は、使い方は似ていても can などと同じ**助動詞のグループではありません。**
そのため、否定文・疑問文を作るときは、do や don't を加えます。

Mom doesn't have to cook today.
（ママは今日料理しなくてもいい）

Did you wanna wake up early?
（早起きしたかったの？）

3-9 予想を伝える助動詞 (may / should / must)

::: 助動詞で予想を伝えよう

should や must など、**助動詞は2つの意味を持っています。**
例えば、shouldは「〜するべき」という意味ですが、もう1つ
「**〜のはずだ**」という意味があります。

> That should be true. （それは本当**のはずだ**）
>
> He should be a great player.
> （彼はすごい選手**のはずだ**）

他の助動詞も比べてみましょう。
could が一番弱くて「起こりうる」という意味。must になると「〜に違いない」という確信を伝えます。

予想の強さをコントロール

強 ↑ must / should / may / could ↓ 弱

< 確信 >

弱	could	〜はあり得る
↑	may / might	〜かもしれない
↓	should	〜のはずだ
強	must be	〜に違いない

・may と might の使い方はほとんど変わりません。
・must は「助動詞 + be 動詞」の形で使われることが多いです。
・should は you を主語にすると「〜すべきだ」という意味になります。

これらの助動詞を入れ替えることで、確信の度合いをコントロールできます。

That could be true.（それは本当かもしれないね）

He must be a great player.
（彼はすごい選手に違いない）

3-9

can の使い方

助動詞の中で、can だけは少し使い方が異なります。
上記の助動詞が**自分の予想**を伝えているのに対して、can は「**〜もあり得るね**」というニュアンスで**一般的な可能性**を伝えます。

Anyone can make mistakes.
（誰でも間違える**ことがある**）
　↑ can を使っているので客観的な感じ。

He could make a mistake.
（彼は間違える**気がする**）
　↑ could を使うと自分の予想になります。

助動詞を使って「予想」を伝える際の時制についてまとめます。

今回紹介した can と must 以外の助動詞（could / may / might / should）は、「**今起きていること**」にも「**これから起こりそうなこと**」にも使えます。

（いつのことを言っているのかは、文脈で判断します）

They should win the match.
（彼らは試合に勝つ**だろう**）

↑ 未来の予想

Susan might know about him.
（スーザンは彼のことを知っている**かもしれない**）

↑ 今の予想

また will を使っても未来の予想をすることができます。

Susan will know about this.
（スーザンはこのことを知る**だろう**）

・will は must の次に確信度合いが強い表現です。
・would を使っての予想は、違った意味になります。（仮定法と呼ばれています。「6日目」の章で紹介します）

これに対して、can は「一般的な可能性を伝える」と紹介しました。
can を使うと、一回ぽっきりの予想ではなく「常に起こる

可能性がある」という意味を作ります。

〈 予想と時制 まとめ 〉

未来 （〜するだろう）	今 （〜しているだろう）	常に （起こる可能性がある）
will		
could	could	
may	may	can
might	might	
should	should	
	must	

3-1　副詞の使い方

☐　どうやら、そのお店はすぐ開くようだ。

☐　実際、ここのところ彼はよく働いているよ。

☐　突然そのお店は閉店した。

☐　後で（それを）持ってきてくれる？

☐　はっきり言って！

☐　彼はささっと注文をした。

☐　店員はぎこちなく笑った。

☐　同僚は注意深く資料をまとめてくれた。

☐　同僚はいまだに嘘をつく。

☐　本気でサンタをまだ信じてるの？

Apparently, the store will open soon.

- apparently - どうやら（it seems that ~ も同じ意味で使えます）

Actually, he has been working hard.

- actually - 実際（in fact でも ok ← 少し固い響きになります）
「最近」というニュアンスを has been ~ing で出しています。

The store closed suddenly.

- suddenly - 突然、急に（会話では suddenly を文末に付けるのが自然です）

Will you bring it later?

- Can you ..? でも ok

Say it clearly!

- Speak clearly! でも ok

He ordered quickly.

The clerk smiled awkwardly.

- awkwardly - ぎこちなく、不器用に
「店員」は the staff member でも ok

My colleague carefully organized the documents.

- organized → arranged でも ok, carefully は最後でも ok
organize は「整理する」という意味。「内容をまとめる」という意味なら
summarize や put together と言います。

My co-worker still lies to me.

- still - いまだに
.. tells me lies. でも ok

Do you still believe in Santa seriously?

- seriously（本気で）は without a doubt（疑いなしに）なども ok
「あなたの言っていることを信じる」という意味の「信じる」は believe、「何かの
存在を信じる」は believe in を使います。（宗教や神様には believe in）

英作文

3-2 便利な動詞 have と take

- [ ] 昼飯食べた？

- [ ] 彼は態度が悪い。

- [ ] 彼とは良好な関係だ。

- [ ] 彼女とはよく他愛のない会話をします。

- [ ] 彼とはよく仕事の会話をします。

- [ ] 席に着きましょう。

- [ ] 何かアイデアありますか？

- [ ] おつりはありますか？

- [ ] お風呂入った？

- [ ] 父は（最近）薬を飲んでいます。

Did you have lunch?

● eat でも ok, Have you had lunch? なども ok
dinner や breakfast をとるときも have が使えます。

He has a bad attitude.

● he behaves badly.（彼は態度悪く振る舞う）なども ok

I have a good relationship with him.

● I get along with him. でも ok

I often have casual conversations with her.

● I talk with her casually. なども ok

I often have business conversations with him.

● business conversations（仕事の会話）は business talks や conversations about business でも ok
We often talk about business. なども ok

Let's have a seat.

● Let's take a seat. や Let's sit. なども ok

Do you have any ideas?

● any ideas → an idea でも ok
Are there any ideas? でも ok

Do you have change?

Did you take a bath?

● take a bath → have a bath でも ok
Have you taken a bath? でも ok（「もう入った？」という意味になります）

My dad has been taking medicine (recently).

● drink は「ごくごく飲む」というイメージのため、薬には take（摂取する）を使います。

3-3 便利な動詞 make と get

- [ ] たくさん稼ぐぞ。

- [ ] マイクはよく言い訳をする。

- [ ] ママはおっちょこちょいだ。（よくミスをする）

- [ ] 社長が明日決めることになっています。

- [ ] 彼は印象に残ったかい？

- [ ] 明日は大事なプレゼンをすることになっている。

- [ ] 髪の毛切ってもらったの？

- [ ] 就職できた？

- [ ] 彼女は大事な昇格を果たした。

- [ ] 大きな値引きをしてもらった。

I'll make a lot of money.
● I'll earn a lot. なども ok

3-3

Mike often makes excuses.
● make an excuse - 言い訳をする
何度も言い訳しているので複数形にしています。

Mom often makes mistakes.
● 「失敗する」は mess up や screw up なども ok（どちらもカジュアルな言葉です）

The president is making a decision tomorrow.
● will や is gonna でも ok
「決める」は decide や come to a conclusion でも ok

Did he make an impression (on you)?
● Did he impress you? でも ok

I'm gonna make an important presentation tomorrow.
● make a presentation - プレゼンをする（give a presentation も同じ意味で使えます）

Did you get a haircut?
● Did you cut your hair? なども ok

Did you get a job?
● find でも ok

She got an important promotion.

I got a big discount.
● They gave me a big discount. なども ok

3-4 What と How を使った疑問文

☐ 何が欲しいの？

☐ お店は何時に開きますか？

☐ どうやって仕事を手に入れたの？

☐ 何の種類の仕事に就くの？

☐ 彼のおすすめは何？

☐ 彼女の提案は何？

☐ 何しているの？

☐ 最近どうしてる？（調子はどう？）

☐ どうやって解決するつもり？

☐ 彼女をどのくらい（長く）知っているの？

What do you want?

What time will the store open?
● 「普段何時に開きますか？」という意味なら does を使って普段の時制にします。

How did you get the job?

What kind of job will you get?
● kind of ~ - ~の種類

What did he recommend?
● おすすめしてくれたのが過去なので、過去形を使います。
What is his recommendation? でも ok

What did she suggest?
● 提案したのが過去なので、過去形を使います。
What is her suggestion? でも ok

What are you doing?

How have you been doing?
● What have you been up to? でも ok

How will you solve it?
● solve it の代わりに figure it out や work it out なども ok

How long have you known her?

3-5　その他のWH疑問文（Where / When / Who / Why）

☐　どこに引っ越すんだい？

☐　誰を招くつもり？

☐　上司はあなたをなんで責めたの？

☐　彼のおすすめはどこ？

☐　どちらの方向に曲がればいい？（車内にて）

☐　誰と話したの？

☐　誰と仕事しているの？

☐　なんで取引先は謝ってきているの？

☐　なんで彼は最近（仕事を）休んでいるの？

☐　なんで許してくれないの？

Where are you gonna move?

- will でも ok
  Where are you gonna move to? でも ok

Who will you invite?

- Who are you gonna invite? でも ok

3-5

Why did your manager blame you?

Where did he recommend?

- おすすめしてくれたのが「過去」のことなので、過去形を使っています。
  Where is his recommendation? でも ok

Which direction should I turn?

- direction → way でも ok

Who did you talk to?

- talk with でも ok
  「〜と話す」は talk to か talk with という形で使うことが多いので、疑問文でも to か with を残します。

Who are you working with?

- Who do you work with? でも ok

Why is the client apologizing?

- Why did the client apologize? でも ok

Why has he been off (work)?

- off には「離れる、仕事を休んでいる」という意味があります。
  off の代わりに taking days off（休みを取っている）でも ok

Why won't you forgive me?

- don't にすると「Why don't you（〜しませんか？）」という誘い文句になるので注意。

3-6 疑問詞が主語になる表現

☐ 誰がこれを買ったの？

☐ 誰が最初にお風呂入る？

☐ 電気を無駄使いしているのは誰？

☐ 誰が 20 席も予約しましたか？

☐ 誰がそんなこと言ったの？

☐ 誰が私たちのために準備してくれたの？

☐ 何が 3 時間もかかっているんだ？

☐ 誰が君を招待したんだい？

☐ どんな会社がこれを作ったの？

☐ 誰がいい印象でしたか？（残しましたか？）

Who bought this?

Who will take a bath first?
● have a bath でも ok
will → is gonna でも ok

Who is wasting electricity?
● Who is using too much electricity?（使いすぎているのは誰？）でも ok

3-6

Who booked 20 seats?
● Who has booked 20 seats? でも ok

Who said that?

Who prepared for us?
● Who has prepared for us? でも ok

What is taking 3 hours?

Who invited you?
● Who has invited you? でも ok

What kind of company made this?

Who made a good impression?
● Who impressed you? や Who left a good impression? でも ok

3-7 助動詞1(can と should)

☐ 明日まであなたを待てるよ。

☐ 窓、閉められる？

☐ ゆっくり息できる？

☐ フォーマルな服を着ていたほうがいいかな？

☐ まだ注文できないよ。

☐ あのお店は人におすすめしないほうがいい。

☐ そんなに文句は言わないほうがいい。

☐ どうしたら作家になれるの？

☐ どうしたらうまくチームをまとめられるの？

☐ 何時に出発できる？

I can wait for you until tomorrow.
● 「〜まで」と言いたいときは until を使います。

Can you close the window?

Can you breathe slowly?

3-7

Should I wear formal clothes?
● wear（着ている）の代わりに put on（身につける）でも ok

I can't order yet.
● so soon（そんなにすぐ）でも ok

You shouldn't recommend that store.

You shouldn't complain so much.
● so often や too much でも ok

How can I be a writer?
● be → become でも ok

How can I manage the team well?

What time can we leave?

3-8 助動詞2（have to / want to）

☐ 10時には出発しないと。

☐ 土日もお店を開けないといけないんだよ。

☐ 今日は早く寝たい。

☐ 注文前に席を取らないとだめだよ。

☐ スーツケースを持って来なくてもいいよ。

☐ もう一度説明する必要ありますか？

☐ 今決める必要ありますか？

☐ 何か言いたいの？

☐ なぜ1つを選ばないといけないの？

☐ そこに何時に着きたいの？

I have to leave at 10.

🗨 need to でも ok
by 10 (10時までに) でも ok

I have to open my store on weekends too.

🗨 need to でも ok
on weekends → on the weekend でも ok

I wanna sleep early today.

🗨「寝る」は go to bed でも ok

You have to take a seat before you order.

🗨 need to でも ok
take a seat → have a seat でも ok
.. before ordering. でも ok

3-8

You don't have to bring a suitcase.

🗨 need to でも ok
You don't have to come with a suitcase. でも ok

Do I have to explain it again?

🗨 need to でも ok

Do I have to decide (it) now?

🗨 need to でも ok
decide → make a decision でも ok

Do you wanna say something?

Why do I have to choose one?

🗨 need to でも ok
choose → pick でも ok

What time do you wanna arrive there?

🗨 arrive → get でも ok

3-9 予想を伝える助動詞(may / should / must)

☐ 彼女は忙しいに違いない。

☐ 彼もワクワクしているはず。

☐ あの噂は本当かもしれない。

☐ 旅行中、彼はきみのことが恋しくなるかもよ。

☐ 彼女は私を許してくれないかもしれない。

☐ 上司は怒るだろう。

☐ パパは今日は休暇を取っているはずだ。

☐ 彼女は会社にふさわしい人だろう。

☐ 正しいやり方があるに違いない。

☐ ママは今ごろ家に向かっているところだろう。

She must be busy.
💬 should でも ok

He should be excited too.
💬 must でも ok

That rumor might be true.
💬 may や could でも ok

He may miss you during the trip.
💬 might でも ok

She might not forgive me.
💬 may でも ok

My manager may get angry.
💬 might や will でも ok

My dad should be taking a day off today.
💬 taking a day off（休暇を取る）の代わりに off（休んでいる）でも ok

She should be the right person for our company.
💬 the right person（ふさわしい人）の代わりに a good person や a good fit でも ok

There must be a right way (to do this).
💬 there is ~（～がある）に must を加えています。
should でも ok

Mom should be on her way home now.
💬 on someone's way ~ - ～に行く途中
Mom should be coming back.（帰ってきているところ）でも ok

3-9

4日目 ⋮⋮⋮⋮

動詞の扱い方
（応用編）

動詞の使い方を掘り下げます。
動名詞・不定詞・使役動詞など。

4-1 動詞を名詞に変える方法 （動名詞と to不定詞）

動詞を名詞に変える方法

動詞を「~ing」の形にすると**名詞として扱うことができる**ようになり、意味も「〜する」から「〜すること」に変わります。（「動名詞」と呼びます）

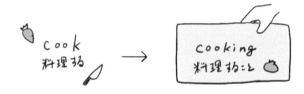

cook（料理する） → cooking（料理すること）

run（走る） → running（走ること）

walk（歩く） → walking（歩くこと）

動名詞は名詞として扱うため、他の名詞（an apple や a cake など）のように**動詞の後に置くことができる**ようになります。

I like cooking.（料理することが好き）

He doesn't like running.（彼は走るのが好きじゃない）

She stopped walking.（彼女は歩くのをやめた）

⠿ to を使った方法

to を動詞の前に置くことでも、同じように名詞として扱うことができます。**to の後に続く動詞は必ず原形になるというルールがあります。**（「to + 動詞」のことを「不定詞」と呼びます）

I like to cook.（料理することが好き）

He doesn't like to run.（彼は走るのが好きじゃない）
~ing で作った文章と同じ意味です。

〈 よく使う表現 〉

start to do（〜し始める）

decide to do（〜するのを決める）

try to do（〜しようとする）

stop doing（〜をやめる）

keep doing（〜をし続ける）

suggest doing（〜するのを提案する）

⠿ 「名詞として扱う」ということは

「動名詞」や「不定詞」は、他の名詞のように**文の主語にすることも可能**です。

Watching movies gives me many ideas.
（映画を観ることは、私にたくさんのアイディアをくれる）

Running everyday is essential for me.
（毎日走ることは、私にとって欠かせない）

⋮⋮ 動名詞と to不定詞の違い

動名詞と to不定詞は、少しニュアンスが違います。

動名詞が表すのは「**今していること**」。
一方、to不定詞が表すのは「**これからすること**」です。

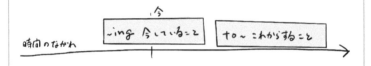

この使い分けは、前に動詞を置くとはっきりします。
例えば stop（やめる）を使って、

stop drinking（飲むことをやめる）

stop thinking（考えるのをやめる）

ここで ing を使うのは「今飲んでいるのをやめる」と言いたいからです。

to不定詞も見てみましょう。
decide（決める）を使って、

decide to quit **my job**（仕事を辞めると決める）

decide to tell **the truth**（真実を言うと決める）

ここで to を使うのは、**仕事を辞めたりするのが「これから行われること」**だからです。

例外もあります。
like / hate / begin / start は動名詞と to不定詞を同じ意味で使えます。

また、動名詞と to不定詞の違いよりも、**他の文型を優先**して文を組み立てることもあります。

She'll be busy working.

（彼女は仕事で忙しくなるだろう）

未来の話ですが、「busy ~ing（～で忙しい）」という形を優先しています。

4-2 to不定詞で目的を表す

⋮ to不定詞で「理由」を伝える

to不定詞（to＋動詞）は、「**〜をするために**」という意味も持っています。

> **to drink** coffee（コーヒーを飲むために）
>
> **to write**（書くために）

これを他の文章に繋げれば、それを何のために行うのか、行動の理由を示すことができます。

I stopped at the store to have coffee.
（**コーヒーを飲むために**お店に立ち寄った）

I'm gonna stay up late to finish my job.
（**仕事を終わらせるために**遅くまで起きている）

また、to不定詞を名詞の後に続けると、「**何に使うものなのか**」**を説明する**ことができます。

4-2

a cup to drink **coffee**（コーヒーを飲むためのカップ）

something to write （書くための何か）

something（何か）/ anything（何でも）/ somewhere（どこか）など
の言葉とセットで使うと便利です。

名詞には前置詞 for を使おう

to は動詞にしか使えないため、「あなたのために」「仕事
のために」など、**名詞を続けたいときは代わりに for を使
います。**

for **you** （あなたのために）

for **my job** （仕事のために）

for **getting a new job**（新しい仕事を手に入れるために）

for は後ろに動名詞を続けることもできます。このときは to get a new
job とほぼ同じ意味です。

4-3 使役動詞その1 （make / let / get）

┊┊ 「〜させる」使役動詞

英語には **「誰かに〜をさせる」** という意味の動詞がいくつかあります。

これらの動詞をまとめて「使役動詞」と呼びます。

make　（強制的に）〜させる

let　　（許可を与えて）〜させる

get　　（苦労して）〜させる / 〜してもらう

help　　〜するのを助ける

have も使役動詞の1つですが、使う状況が限られるので割愛します。

使役動詞を使うときには **「誰に」「何をさせるのか」** とセットで使います。
「使役動詞 + 人 + 何を（動詞)」 の順番です。

make　＋　me　＋　work late
〜させる　　誰に　　　何を

	使役	人	動詞

She **made** him study.
（彼に勉強を**させた**）

He **let** her come in.
（彼女を入れて**あげた**）

She **got** Mike to sleep.
（マイクを**寝かしつけた**）

Your idea **helped** me finish the job early.
（君のアイデアで**仕事が早く終わった**）

・後に続く動詞は時制に関わらず原形を使います。
・get のみ、後に続く動詞に「to 不定詞(to + 動詞)」を使います。
・help も後ろに「to 不定詞」を使うことができますが、実際は原形を使う
　ことが多いです。

4-4 使役動詞その2（want / ask ..）

「〜させる」仲間の動詞

前回紹介した get には、他にも仲間の動詞があります。

get + 人 + to 動詞 という文型が作れたように、これらの動詞も同じ並べ方で文章が作れます。

He always asks me
to drive him to the station.

使い方	意味
get 人 to ~	人に〜させる
want 人 to ~	人に〜して欲しい
ask 人 to ~	人に〜するように頼む
tell 人 to ~	人に〜するように伝える

文の中で使うと、次のような感じになります。

Mom told me to sleep.
（ママが、もう寝るように言った）

She wants Mike to be honest.
（彼女は、マイクに正直になって**ほしい**）

make や let などの「使役動詞」と使い方が似ていますが、こちらは後に to を続けるため、文法的な名前はついていません。

4-5 現在分詞と過去分詞

動詞の形を変えて形容詞のようにして使う方法を学びます。

・・「～している人」現在分詞

動詞の ~ing の形は「**～している**」という意味を作り、**名詞を
説明するのに使う**ことができます。
(ing を付けた動詞を「現在分詞」と呼びます)

I held the sleeping baby.
（**寝ている**赤ちゃんを抱っこした）

The working machine is a new type.
（**動いている機械**は、新型です）

人だけでなく、ものにも現在分詞を付けられます。

こうして作った現在分詞は**形容詞のように扱うため、基本的に
は名詞の前に置きます**。形容詞の部分が**2語以上になるときは、
名詞の後ろに続けます**。（形容詞と名詞が離れないようにするためです）

I held the baby sleeping **on the sofa.**
（ソファの上で寝ている赤ちゃんを抱っこした）

The machine making **a loud noise is an old type.**
（大きい音を出している機械は、古いタイプです）

「〜された人」過去分詞

動詞の「過去分詞」も形容詞のようにして使うことができます。こちらは「〜された」という意味で、他の形容詞と同様に名詞の前後に置いて使います。

I like grilled **vegetables.**（焼き野菜が好きです）

I found a wallet left **on the table.**
（テーブルに置いてかれた財布を見つけた）

こちらも同様に1語の場合は名詞の前、2語以上の場合は名詞の後ろに置きます。

関係代名詞も使えます

上記と同じことは関係代名詞を使っても表すことができます。

The machine　　　making a loud noise is an old type.

‖

The machine that is making a loud noise is an old type.

どちらも同じ意味ですが、関係代名詞を使わないほうが文が短くなるので、現在分詞や過去分詞を使える場合はこちらを使うことが多いです。

4-6 in / out を使った句動詞

::: 句動詞について

「動詞 + 前置詞」で1つの意味を作る言葉を「**句動詞**」と呼びます。（英語だと Phrasal verb と呼びます）

組み合わせて作る、便利な動詞

| 動詞 | + | 前置詞 | = | 句動詞 |

get   over   → 乗りこえる

come   over   → やってくる

        :

〈句動詞の例〉

look for（探す）

come in（（家などに）入る）

hand in（提出する）

hand over（手渡す）

ほとんどの句動詞には、同じ意味で置き換えられる単語があります。

look for（探す）   →   search（探す）

come in（入る）   →   enter（入る）

句動詞はカジュアルな印象を持っていることが多く、それを**一語に言い換えた言葉は固い印象**が多くなります。

::::: 言葉の使い分け

家族や同僚など親しい人との会話では句動詞を使い、スピーチや書き言葉では固い言葉を使ってかしこまった感じや知的な印象を出す、ということがよくあります。

例えば、enter は**入室する**という意味で、会社で上司の部屋に入ったり、式典のときに会場に入ったりするときに使う言葉です。

May I enter? と言えば「**入室してもよろしいですか？**」という意味で、かしこまった印象があるのが分かると思います。
こういう言葉を友だちに対して言うと、場違いな感じがします。親しい間柄では、**同じ意味でも柔らかいニュアンスの句動詞**を使って、Can I come in?（入っていい？）と言います。

::::: in を使った句動詞

句動詞を学ぶときは for や in など、**前置詞のニュアンスを意識しましょう。**

例えば、in を使った多くの句動詞は、「中に入れる（入る）」という共通のニュアンスを持っています。
この共通点を感じながら、句動詞を使う練習をすると上達が早いでしょう。

〈 in - 中に入る系 〉

go in　（部屋などに）入る

come in　（部屋などに）入る

get in　（職場などに）入る・車に乗る

pull in　（車を道路脇に）停める
↑ pull は運転関連で使うことが多いです

bring in　（人を）参加させる・（制度を）導入する

cut in　（人の話に）割り込む

put in　（ものを）しまう

hand in　（書類を）提出する

take in　（洗濯物などを）取り込む

out を使った句動詞

1つの前置詞は、たいてい2つか3つの意味を持っています。
out を使った句動詞には、「外に出す（出る）」「明るみになる」「声を出す」という意味があります。

〈 out - 外に出す・外に出る系 〉

go out　外に出る・デートする

get out　外に出る・車から降りる

eat out　外食する

ask out　デートに誘う

hang out　（友達と）遊ぶ、つるむ・外に干す

pull out　車で(道路に)出ていく

take out (ものを)取り出す・(人を)連れ出す

cut out　切り出す

stay out (of ~)　～の中に入らない

keep out (of ~)　～の中に入らない

watch out　周りを見る・注意する

look out　周りを見る・注意する

spread out　(ものを)広げる・散らばる(病気や噂など、形のな
いものには out を付けません)

〈 out - 明るみになる系 〉

come out　外に出てくる・(映画などが)公開される・情報
が公になる

turn out　(結果が)明らかになる・蓋を開けてみると～に
なる

find out　気づく・見い出す

figure out　考え出す・解明する

work out　（トラブルを）解決する・筋トレをする

help out　救い出す（重い問題と軽い問題、どちらでも使えます）

〈 out - 声に出す系 〉

read out　読み上げる・音読する

call out　大声で呼ぶ

out は他に「**なくなる（消えてしまう）**」という意味でも句動詞を作ります。

〈 out – なくなる系 〉

run out (of ~)　～を使い果たす

sell out　売り切る（sold out の形でよく使います）

put out　火を消す・外に出す

burn out　燃え尽きる・燃え尽き症候群になる

into を使った句動詞

「中に入っていく」という動作は into を使うこともあります。into を使ったほうが、in に比べて「**深く入っていく**」**ニュアンス**が出てきます。

〈 into - 深くまで入る系 〉

go into （家などに）奥まで入っていく

be into （趣味などに）夢中になる

look into 調べる・覗き込む

throw A into B A を B に放り込む

また、into は「**何かの状態に変わる**」「**状態に入っていく**」という意味も持っています。

〈 into – 変わる系 〉

turn into 〜に変わる

turn A into B A を B に変える

make A into B A を B に作りかえる

break into 別れて〜になる・（人の家に）押し入る

例外的に、前置詞とは全く関係のない意味を作る句動詞もあります。そういうものに関しては、1つずつ使いながら覚えていくしかありません。

4-7　on / off を使った句動詞

::: on を使った句動詞

on の持っている1つ目のイメージは、「**乗っかる（くっつく）**」ことです。
何かをくっつけたり、何かに乗ったりするときに on の句動詞を使います。

〈 on - 乗っかる系 〉

get on　（乗り物に）乗る

put on　（服を）着る・（put ~ on ..）..の上に~を置く

〈 on - 寄りかかる・頼る系 〉

depend on　（主語は）〜次第だ・頼りにする

count on　頼りにする・あてにする

rely on　頼りにする

count on は「ピンチの状況で頼りにする」というニュアンス。depend on と rely on は「状況に限らず寄っかかっている」ニュアンスです。

on のもう1つの意味は「**進んでいく**」こと。
これは、**ものごとがベルトコンベアの上に乗っかっている様子**をイメージするといいと思います。ベルトコンベアの上に on したものは、ゴトゴトと、どこまでも進んでいく感じがしてきませんか？

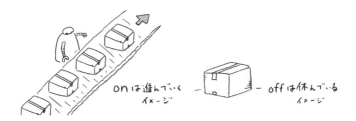

on は進んでいく
イメージ

off は休んでいる
イメージ

〈 on – 進める系 〉

go on 進み続ける

move on 次に進む・(辛いことを)乗り越える

turn on 電源を入れる

4-7

〈 on – 集中する系 〉

work on ～に取り組む

focus on ～に集中する

sleep on ～を一晩じっくり考える

::::: off を使った句動詞

off は on の逆にある言葉。
一番大きな意味は「**降りること（離れること）**」です。

〈 off - 降りる・離れる系 〉

get off （乗り物を)降りる

cut off 切り落とす

come off （ドアなどが)外れる・剥がれる

take off （服を）脱ぐ・飛行機が離陸する

pull off （車を）停車する・やり抜く

off にはもう1つ、「お休みしている」 という意味があります。
これは、**スイッチがオフになっている**のをイメージするといい
と思います。電源が切れていて待機している状態です。

〈 off – **お休み系** 〉

be off （会社を）休んでいる・（スイッチが）切れている

turn off （スイッチを）切る

put off （予定を）延期する

call off （予定を）キャンセルする

check off （チェックして）終了にする
↑「カレンダーや手帳に載っている(onの状態)」から外すというイメージ。

::: 句動詞と目的語の位置について

句動詞を使うときに、**動詞と前置詞の間に目的語をはさむ**
ことがあります。

turn on the TV （テレビをつける）
↓
turn the TV on （テレビをつける）

どちらも ok。後者のほうが文章にリズムが生まれるため、ネイティブには好んで使う人もいる。

多くの句動詞がこのように目的語をはさむことができます。
また、代名詞 (it, me, you など) をはさめるときは、必ず間にはさみます。

pick you up （君を迎えに行く）

take me away （遠くに連れて行く）

一方で、**目的語を必ず後ろに置かないといけない句動詞**もあります。

look for my phone （ケータイを探す）

get over it （それを克服する）

上記であげた look for「〜を探す」や get over「〜を克服する」はどちらも、何を探すか、何を克服するかをセットで言わないといけない言葉です。
このように**目的語を省略できない句動詞の場合、目的語を必ず前置詞の後に置きます。**（こちらは、代名詞も必ず後に置きます）

4-8 up / down を使った句動詞

:::: up を使った句動詞

文字通り、up は「**上にあがること**」を意味します。

この「上」というのは方向だけでなく、技術や年齢などが上がることも全部含めて「**上の方向**」という使い方をします。

〈 up - 上がる系 〉

go up　上がる・増える（階段を上がる・数字が増えるなど）

stand up　立ち上がる

look up　見上げる・ネットで調べる

grow up　成長する、育つ

keep up (with ~)　（遅れずに）ついていく

turn up　（音量などを）上げる

throw up　（食べ物を）吐く

pick up　拾い上げる・（車で）迎えに行く

put up　（人を家に）泊める・（絵や棚などを）設置する

put up with　〜に耐える・我慢する

come up　（問題が）浮上する・（議題に）上がる・やって来る

come up with　（アイデアが）浮かんでくる・思いつく

make up　（フィクションの話を）作る・仲直りする

〈 up - 近づく系 〉

show up　顔を出す・現れる

pull up　車で来て停車する

「自分の方にやってくる動き」にも up を使います。

4-8

また、諦める（give up）のように「終了させる」という意味でも使います。（「やりきる・飲み切る」のような表現も多いです）

〈 up -終了系 〉

give up　諦める・（お酒などを）やめる

drink up　たくさん飲む・飲み干す

eat up　たくさん食べる・食べ切る

use up　使い切る

clean up　（しっかり）綺麗にする

end up　結局〜になる（end up ~ing「結局〜することになる」という使い方もします）

break up　（恋人と）別れる

もう1つ、「目が覚めている」「使える状態にある」という意味でも使います。

〈 up –使える系 〉

set up　（PCを）セットアップする・準備する

be up　目が覚めている・(pcなどが)起動している

wake up　目が覚める

get up　ベッドから出る

stay up　遅くまで起きている

down を使った句動詞

down は up の反対で、「下の方に行く」という意味を持っています。
こちらも下方向だけでなく、色んな意味での「下」として使います。

〈 down - 下がる系 〉

go down　下がる・減る

look down　見下ろす

put down　（持っているものを）降ろす

sit down　座る

turn down　音量を下げる

drop down　（学年などを）落とす

shut down　（PCの）電源を落とす

burn down　焼け落ちる

break down　（機械が）動かなくなる・（ものごとが）上手
　　　　　　くいかなくなる・細かく分かれる

〈 down - **気分が下がる系** 〉

be down　（気分が）落ちている

calm down　落ち着く・静かになる

settle down　落ち着く・（結婚して）静かな生活を始める

4-8

4-1　動詞を名詞に変える方法（動名詞と to不定詞）

☐　料理は好き？

☐　飲むのは好き？

☐　彼女のケータイチェックするのをやめた？

☐　パパはあのダサいシャツを着るのをやめた？

☐　パパはタバコを吸うのをやめた。

☐　マイクは新しい彼女を探し始めた。

☐　うちの会社は顧客パターンを調べ始めた。

☐　ジョブスは投資家に謝ろうとした。

☐　（私は）コートを着るのを忘れた。

☐　いつブログを書き始めたの？

Do you like cooking?

💬 to cook でも ok

Do you like drinking?

💬 to drink でも ok

Did you stop checking your girlfriend's phone?

Did Dad stop wearing that ugly shirt?

💬「ダサい」に当てはまるスラングはいくつかあります。 lame や tacky なども ok

Dad quit smoking.

💬 quit（やめる）は 過去形も quit です。
代わりに stopped や gave up（諦めた）でも ok

Mike started looking for a new girlfriend.

💬 to look for でも ok

My company started looking into the customer patterns.

💬 to look into でも ok
「調べる」は research（研究する）investigate（調査する）などもありますが、一番
日常的に使うのが look into です。

Jobs tried to apologize to his investors.

💬 実際は謝っていないため、ing は使えません。
（tried apologizing は「試しに謝ってみた」という意味）

I forgot to put on my coat.

💬 my coat → a coat でも ok
実際に着ていないため ing は使えません。

When did you start writing your blog?

💬 writing がなくても通じます。When did you start your blog?(いつブログを始めた
の？)

4-2 to不定詞で目的を表す

- [ ] 何か食べるもの持ってる？

- [ ] 何か掃除するもの持ってる？

- [ ] ランチにいい場所知ってる？

- [ ] あのお店に寄って、ビールにしよう。

- [ ] ウエイターが注文を取りにやってきた。

- [ ] 始発に乗るために目覚ましを5時にセットした。

- [ ] 空港にたどり着くのに3時間かかった。

- [ ] （これから）アンケートに答えるのに30分くらいかかります。

- [ ] 健康診断のために今日は食べない。

- [ ] 新しい経験のためにこの仕事に応募する。

Do you have something to eat?
🟢 Is there ..? でも ok

4-2

Do you have something to clean (up)?
🟢 Is there ..? でも ok

Do you know a good place to have lunch?

Let's stop by the bar to have a beer.
🟢「立ち寄る」は stop at でも ok
bar（飲み屋）→ restaurant（レストラン）でも ok
to の代わりに and でも ok

The waiter came to take our order.

I set my alarm for 5 to catch the first train.
🟢 catch の代わりに take や get でも ok
at 5 にすると「セットしたのが5時」という意味になるため for 5（5時に向けて
セットする）と言います。

It took 3 hours to reach the airport.
🟢「お金や時間がかかる」という意味の take です。
reach（たどり着く）は get to でも ok

It will take 30 minutes to answer the survey.
🟢「アンケート」という英語はなくて、survey か questionnaire と言います。

I'm not gonna eat today for the health checkup.
🟢「健康診断」は medical checkup, health checkup もしくは単に checkup と言います。

I'm gonna apply for this job for a new experience.
🟢 for a new experience（経験のために）は to get a new experience（経験を得るため
に）でも ok

4日目　動詞の扱い方（応用編）　　171

4-3 使役動詞その1（make / let / get）

☐ 両親は私を大学に行かせてくれた。

☐ 両親は私に大学に行くよう強要した。

☐ 同僚に写真を撮ってもらった。

☐ 彼女にサンドイッチを作ってもらった。

☐ パパは私にカメラを使わせてくれた。

☐ 上司は私に資料を見せてくれない。

☐ 友だちがノートをコピーさせてくれない。

☐ 彼のアドバイスで選ぶのが楽になった（助けてくれた）。

☐ この本で、対人関係（人と付き合うの）が楽になった。

☐ 彼に契約書にサインしてもらうことができなかった。

My parents let me go to college.

⚫ university（大学）でも ok
「大学に通う」と言うとき、go to school と同じで college にも「冠詞」は付けません。

My parents made me go to college.

⚫ 自分で「行きたい」と思ったときに let,「行きたくないけど行かされた」ときに make を使います。
forced me to ~（〜を強要した）でも ok

4-3

I got my colleague to take photos.

⚫ got（してもらった）の代わりに asked（頼んだ）でも ok

I got my girlfriend to make sandwiches.

⚫ got（してもらった）の代わりに asked（頼んだ）でも ok

My dad let me use his camera.

My manager won't let me see the documents.

⚫ let me see → show me でも ok
won't（1回見せようとしない）→ doesn't（いつも見せてくれない）でも ok

My friend won't let me copy his notebook.

⚫ won't（1回させてくれない）→ doesn't（いつもさせてくれない）でも ok

His advice helped me choose.

⚫ 「選ぶ」は select や pick でも ok
His advice made it easy to choose. なども ok

This book helped me get along with people.

⚫ get along with（〜と上手に付き合う）は have a good relationship with（〜いい関係を持つ）なども ok

We couldn't get him to sign the agreement.

⚫ agreement - 契約、契約書（contract でも ok）

4-4 使役動詞その2（want / ask ..）

☐ 彼女にこっちを向いてほしい。

☐ マイクには現実を見てほしい。

☐ 上司が詳しく説明するように言った。

☐ 友だちに今すぐ決めるよう言われた。

☐ 先生は私に妥協するように言い続けている。

☐ 彼にも料理してほしい？

☐ 私に何をしてほしいの？

☐ 誰が私にそれをやってほしいの？

☐ 君のキャリアを傷つけてほしくない。

☐ 彼女には反対してほしくなかったのに。

I want her to look at me.

I want Mike to look at reality.

● look at → face（向き合う）でも ok

4-4

My manager told me to explain further.

● 「詳しく」は「より深く」という意味の further を使うのが一般的です。
further の代わりに in (more) detail でも ok

My friend told me to decide right away.

● right away（今すぐ）は quickly（さっさと）でも ok

My teacher has been telling me to compromise.

● compromise - 妥協する

Do you want him to cook as well?

● as well - 〜も（~ too と同じ意味で使えます）

What do you want me to do?

Who wants me to do that?

● 「誰も言うわけないでしょ」というニュアンスで Who would want me to do that? と
言うこともあります。

I don't want you to hurt your career.

● 「傷つける」は damage でも ok

I didn't want her to oppose it.

4-5 現在分詞と過去分詞

☐ 薄切りオニオンはありますか？

☐ スモークサーモンはありますか？

☐ ゆで卵もらえますか？

☐ 火の通った魚しか食べません。

☐ ハワイで暮らしている友だちがいる。

☐ 楽天で働いている知り合いがいる。

☐ 盗まれた自転車は役所が保管しているよ。

☐ カップに沸騰したお湯を注ぎます。

☐ これは、完成したデザインですか？

☐ 新型 iPhone を待っている人が行列を作っている。

Do you have sliced onion?

Is there ..? も ok

Do you have smoked salmon?

a を付けると「丸ごと一匹の鮭」になるので、付けません。

Can I have boiled eggs?

1つの卵でよければ a boiled egg でも ok

4-5

I only eat cooked fish.

cooked - 火の通った
can を入れても ok (「食べません」→「食べられません」になります)

I have a friend living in Hawaii.

a friend who lives in.. でも ok

I have a friend working at Rakuten.

a friend who works at .. でも ok
「知り合い」は親しみを込めて friend と言うことが多いです。「面識だけの人」というニュアンスなら acquaintance を使います。

The city office keeps stolen bikes.

役所の言い方は色々あって the city office (市役所), the ward office (区役所), the government (政府) などを使います。

We pour boiling water into the cup.

pour (注ぐ) → add (加える) でも ok

Is this the finished design?

finished (完成した) の代わりに chosen (選ばれた) や decided (決まった) でも ok

People waiting for the new iPhone are making a long line.

make a line (列を作る) は form a line でも ok
There is a long line of people waiting for the new iPhone. なども ok

4-6 in / out を使った句動詞

☐ 彼女をデートに誘った？

☐ うん、2ヶ月付き合っている（デートに行っている）んだ。

☐ 君のやり方には口を挟まないよ（手出ししないよ）。

☐ ハリーポッターの新作映画が来月公開になる。

☐ チケットは売り切れです。

☐ ビールが切れそうです（もうなくなります）。

☐ いつまでにレポートを提出したらいいですか？

☐ ザッカーバーグは、（外から）CEO を参加させたことがない。

☐ 息子が山登りに熱中している。

☐ 分かれて2つのチームになりましょう。

Did you ask her out?

● ask out - デートに誘う

Yes, we've been going out for 2 months.

● go out - デートに行く、外出する
see にも「デートする」という意味があるので、I've been seeing her .. でも ok

I'll keep out of your way.

● keep out of - 〜に入らない、踏み込まない
stay out of でも ok

The new Harry Potter movie will come out next month.

● come out - 公開になる（be released でも ok）

The tickets are sold out.

● sell out - 売り切る

We are running out of beer.

● run out of - 〜を使い果たす

When should I hand in the report by?

● hand in - 提出する（submit でも ok）
「〜までに」という意味で by を付けています。

Zuckerberg has never brought in a CEO.

● bring in - (人を)参加させる、(法律や制度を)導入する

My son is into mountain climbing.

● be into - 〜に夢中になる
is crazy about（おかしいほどハマる）でも ok
mountain climbing → hiking でも ok

Let's break into 2 teams.

● break into ~ - 分かれて〜になる、(銀行などに)押し入る

4-7 on / off を使った句動詞

☐ 次の話をしてもいい？（次に進んでもいい？）

☐ 弊社は、環境のためのプロジェクトに取り組んでいます。

☐ （それは）あなたの努力次第です。

☐ 彼女はあなたを頼りにしているよ。

☐ ヒーターはどうやって点けるの？

☐ 彼女は今日は非番（お休み）です。

☐ 例の問題について一晩考えたの。

☐ そうしたら、ミーティングは延期にしましょう。

☐ くつを脱いで。

☐ この窓は外れやすい。

Can we move on?
🗨 move on - 進む、仕事を変える
we → I でも ok

We are working on a project for the environment.
🗨 work on - （1 つのことに力を入れて）取り組む

It depends on your effort.
🗨 depend on - 〜に頼る、〜次第だ

She counts on you.
🗨 count on - 頼りにする（rely on でも ok）

4-7

How can I turn on the heater?
🗨 turn on - （スイッチを）オンにする
How do you ..? でも ok

She is off today.

I slept on the problem.
🗨 sleep on - 〜を一晩考える

Then, let's put off the meeting.
🗨 put off - 延期にする（push back や postpone でも ok）

Take off your shoes.
🗨 take off - （服などを）脱ぐ、離陸する

This window comes off easily.
🗨 come off - 外れる、剥がれる
This window often comes off.（よく外れる）でも ok

4-8 up / down を使った句動詞

☐ いいアイデアを思いついた！

☐ ここでかばんを下ろしましょう。

☐ 後で（車で）迎えに行きます。

☐ 電車の時間、調べてみたら？

☐ 1時まで起きていようとした。

☐ 泊めてくれてありがとう。

☐ それで、結局カナダにいます。

☐ いつ（彼女と）別れたの？

☐ 結局別の女の子と付き合う（デートする）ことになった。

☐ 10年すると私の結婚生活は上手くいかなくなった。

I came up with a great idea!

● come up with - (アイデアを) 思いつく

Let's put down our bags here.

● put down - 下に置く

I'll pick you up later.

● pick up - つまみ上げる、(車で) 迎えに行く
(電車などで迎えに行く場合は、meet you を使います)

Why don't you look up the train time?

● look up - 見上げる、(ネットや本で) 調べる (search でも ok)
「〜してみたら？」は How about ~ing ..? でも ok

I tried to stay up until 1.

● stay up - (遅くまで) 起きている

Thank you for putting me up.

● put up - (人を) 泊める、(建物などを) 建てる
「泊めてあげる」は他にも host me や let me stay も ok

So, I ended up in Canada.

● end up - 結局〜になる

When did you break up?

● break up - (カップルが) 別れる

I ended up seeing another girl.

● end up - 結局〜になる
seeing (デートする) は going out with でも ok

My marriage broke down after 10 years.

● break down - (機械が) 動かなくなる、(ものごとが) 上手くいかなくなる
fall apart (崩壊する) でも ok

5日目

名詞の扱い方
（応用編）

実は奥の深い「名詞」について、
もう一歩深く学んでいきます。

5-1 冠詞の使い分け

a や the など、名詞の前に付ける言葉を「冠詞」と呼びます。

英語の冠詞の表し方は3種類あります。それぞれがどのような
ニュアンスを持っているのか学んでいきましょう。

冠詞は3種類

a person（ある人）　the person（その人）　people（一般の人）

∷· a と the の使い分け

a と the の使い分けでよく言われていることは、**会話で何か
について初めて話すときは a を使って、2回目以降は the を使
う**というものです。

> I bought a book.
>
> The book is about philosophy.
> （本を買いました。哲学についての本です）

これ自体は間違いではありません。
けれど、実際は会話の始めから the を使うこともあります。

Mom rides a bicycle to the supermarket.

（ママは自転車でスーパーに行く）

このように、a と the が混ざっている文章もよくあります。

この違いはどこから来るのでしょうか？

具体的には、the は以下のようなときに使います。

〈 the を使うとき 〉

・既に話題に上がっているとき
・近くにあって、聞いている人もどれのことか分かりそうな
　とき
・始めから、それが1つしかないと分かっているとき

相手もどれのことを言っているのかすぐに分かるときは the を使います。

ですから、上記の例で "the supermarket" と言っているのは、
**「近くにスーパーがあって、どのスーパーのことか分かりそう
だから」** です。

他の例も見てみます。the はこんなときに使います。

〈 会話の始めから the を使う例 〉

How can I get to the station?

（駅はどう行けばいいですか？）

the があることで「近くの駅」を表します。
a station にすると「どこの駅でもいいから、行き方を教えて」というニュ
アンスになります。

We went to the cafe in Yoyogi park.
（代々木公園のカフェに行ってきた）

代々木公園にカフェが１つしかないときに言えるセリフ。（公園内にいくつかカフェがあれば a cafe と言います）

a を使うのは上記の例に当てはまらないときです。

〈 a を使うとき 〉

・会話の流れからはどれのことを言っているか特定できないとき

・選択肢がいくつかあって、どれのことか特定できないとき

a を使うと、同じようなものがいくつもありそうな感じがするのがポイントです。

無冠詞について

英語の冠詞は、a と the の他に、何も付けずに複数形にすることができます。（「無冠詞」と呼びます）
a book（1冊の本）/ some books（いくつかの本）など、冠詞を付けると数が決まってくる（制限される）のに対して、**数を決めたくないときや数が分からないときに冠詞を抜いて複数形**にします。

I like books.（私は本が好きです）

Tourists in Japan usually go to Tokyo, Osaka, and Kyoto.
（日本を訪れる観光客はたいてい、東京と大阪と京都に行く）

5-1

the を付けて複数形にすると「**全てのもの**」という意味になります。
そのため、上記の例で "the tourists in Japan"とすれば、「全ての観光客が東京と大阪と京都に行く」という意味になります。

5-2 数える名詞と数えない名詞

::: 2種類の名詞

英語の名詞には、**数えられるものと数えられないもの**があります。（数えられる名詞を「可算名詞」、数えられない名詞を「不可算名詞」と呼びます）

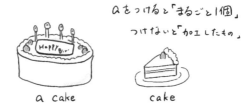

aをつけると「まるごと1個」
つけないと「加工したもの」

a cake   cake

〈 数えられない名詞（不可算名詞）の例 〉

milk / water / coffee など、液体

sand / sugar / salt など、すごく小さなもの

art / love / philosophy など、考え方

watching / running など、動名詞

information / advice / news / evidence / knowledge など、情報のまとまり

「液体」「すごく小さいもの」「考え方」など境目がはっきりしていないものは数えません。動名詞も数えない名詞として扱います。

〈 数えられる名詞（可算名詞）の例 〉

a cake / a fish / a boy

a day（1日）**/ a thought**（考え）**/ a chance**（チャンス）

形がないものでも、**境目がはっきりしていれば数えられる名詞**として扱います。

5-2

数えられない名詞は、**a を付けたり複数形にはしません。**
（the は数える数えないに関係なく使えます）

冠詞を付けなくても使えますが、量を伝えたいときは some （いくらか）・a few （少しの）・a lot of （たくさんの）を付けたり、単位を表す言葉（a piece of や two cups of など）を使います。

〈 数えられる場合 〉
Do you have a pen?（ペンありますか？）

〈 数えられない場合 〉
Do you have water?（お水ありますか？）

Can I have a cup of water?
（水を1杯もらえますか？）

可算名詞にも不可算名詞にもなる名詞

名詞によっては a を付けることで意味が変わるものがあります。

a なし	a あり
melon （切れたメロン・果肉）	a melon / melons （メロンまるごと）
philosophy （哲学）	a philosophy / philosophies （個々人の哲学・考え方）
time （時間）	one time / times （回数）

a を付ける＝数える名詞として扱うことを意味します。複数形にすることもできます。

例として、time は、「時間」という意味で使いたいときは冠詞なし、「回数」として使いたいときは冠詞を付けるという使い分けをします。

I need more time. （もっと時間が欲しい）

I saw her 2 times. （彼女を2回見たことある）

実は、いろんな名詞でこの使い分けができます。

まず知っておきたいのは、**食べ物や材料**です。
a を付けると「まるまる1つ」を表し、a を付けずに数えない名詞として扱うと「切ったり加工されたもの」を表します。

a chicken / chickens → **ニワトリ**

chicken → **鶏肉**

a stone / stones → **石**

stone → **石材**

an egg / eggs → たまご

egg → 溶いたたまご・加工されたたまご

a が付くと「まるまる1つ」だったものが、a を抜くことでものの輪郭が
なくなります。

5-2

また、design（デザインという考え方）と a design（1つの作品）のよ
うに、**a を付けることで「特定のもの」**を表し、付けないこと
で**「考え方や何かの種類」**を表す名詞があります。

a design / designs → ある構図やデザイン

design → デザインという考え方

a gas / gases → 特定の気体（酸素・CO2など）

gas → 液体、気体という意味での気体

an experience / experiences →特定の経験・できごと

experience → （経験によって得た）知識、スキル

5-3 関係代名詞（目的格）

⋮⋮ 文で名詞を説明する

that / who / which、この3つの言葉を「関係代名詞」と呼びます。

関係代名詞は、**名詞を文章で説明する**ための言葉。名詞の後に関係代名詞を置くと、**さらに文章を繋げてその名詞を説明する**ことができます。

名詞　　　＋説明の文章

the idea that I have
（私が持っているアイデア）

the man who you met yesterday
（君が昨日会った男性）

こうしてできた「名詞 + 説明の文章」は、**まとめて1つの名詞として扱います**。そのため、長くなった名詞ごと主語や目的語として使うことができます。

He arranged the idea that I had.

（彼は、私が持っていたアイデアをアレンジした）

The man who you met yesterday is a famous executive.（君が昨日会った男性は、有名な経営者だよ）

2つの動詞が1つの文章に出てくることになります。どこまでが名詞の説明かを意識すると、意味が掴みやすくなります。

⠿ 3つの関係代名詞の使い分け

関係代名詞は、前に置く名詞（「先行詞」と呼びます）によって使い分けます。

who は人に、which はものに対して使い、that はどちらにでも使えます。

　　　名詞　　　　　＋説明の文章

the house that you will buy

（あなたが買う家）

　the man who you met yesterday

（君が昨日会った男性）

実際は which よりも that の方がよく使います。

関係代名詞（主格）

主格の関係代名詞

今回は、関係代名詞の後に**動詞が続くパターン**を練習します。
（「**主格**」の関係代名詞と呼びます）

a boy ← who has an idea
（マイデアを持った男の子）

The man who **has the idea**
（そのアイデアを持っている男性）

The video that **surprised you**
（あなたを驚かせたビデオ）

こちらも通常の文章の中で、名詞として使うことができます。

The man who **had the idea** has left.
（**そのアイデアを持っていた男性**は、いなくなってしまった）

The video that **surprised you** became famous.
（**あなたを驚かせたビデオ**は、有名になりました）

⋮⋮⋮· 関係代名詞の省略

前項では、関係代名詞の後に**名詞が続くパターン**を練習しました。（こちらは、後に続く文で関係代名詞が目的語の働きをするため、「**目的格**」の関係代名詞と呼びます）

「目的格」の関係代名詞は**省略することができます。**

5-4

The man who you met yesterday
↓
The man you met yesterday

これは、関係代名詞を省略すると名詞が2回続くことになるため、**省略されたことがすぐに分かる**からです。
一方、今回紹介した「主格」の関係代名詞は省略することができません。

5-5 名詞の否定

名詞を否定する

否定文を作るときに、don't や won't などで動詞を否定するのではなく、**名詞の前に no を置くことができます**。

英語は「いない人」も主語にできる

No one is working.
（誰も働いていない）

I have no money. （お金を持っていない）

I don't have money と同じ意味です。

No one could answer it. （誰も答えられなかった）

There were no rooms that I could use.

（使える部屋が1つもなかった）

no を付けた名詞が**数えられる名詞のときは複数形**にすることが多いです。（nobody や nothing は数えられない名詞のため、複数にはなりません）

上記のように「no + 名詞」は**主語としても目的語としても使え**、「**誰も〜しない**」「**何もない**」という意味を作ります。

nobody / nothing のように、もともと否定の意味が入った名詞もあります。

〈 もともと否定の意味が入った名詞 〉

nobody
= no one

誰も〜しない(いない)

nothing
= no thing

何もない

nowhere
= no place

どこもない

that と if で名詞を作る

that「〜ということ」

いくつか使い方のある that ですが、今回は「〜ということ」という意味で使います。

that の後に文を繋げると **that 以降の文が「〜ということ」で括られて、1つの名詞のように扱う**ことができます。

（「that + 文」で作った名詞を「that節」と呼びます）

> **that** she cooks well （彼女が料理上手なこと）
>
> **that** I didn't know him （私が彼を知らなかったこと）
>
> that の後は、通常の文と同じように時制を使い分けます。

that で括った文は**名詞として文の中に入れる**ことができます。

I didn't know that she cooks well.

（彼女が料理上手なことを知らなかった）

I realized that **I didn't know him well.**

（彼をあまり知らなかったことに気づいた）

that 節を使うときは、know / think / hear などの、「思ったり聞いたりする動詞」と一緒に使うことが多くなります。（このとき、**that を省略することもできます**）

if 「〜かどうか」

that の代わりに if を使うと「〜かどうか」という意味で名詞を作ることができます。

（if の他に whether も「〜かどうか」という意味で同じように使えます。しかし、日常会話では if を使うことがほとんどです）

if she cooks （彼女が料理するかどうか）

if it is true or not （それが本当かどうか）

if を使うときは、文の最後に or not を加えることもよくあります。

文章の中で使うと、以下のようになります。

I don't know if **she cooks or not.**

（彼女が料理をするか分からない）

He asked me if **it is true.**

（彼はそれが本当か聞いてきた）

that や if で作った名詞は、**文章の主語としても使えます。**

しかし、下記のように**文章のあたまに大きなかたまりを置くと、言葉のリズムが悪くなり**、英語はそれを嫌います。

〈 良くない例 〉

If he is saying the truth is important.

（彼が本音を言っているかどうかが重要だ）

that や if を使った名詞を主語にするときは、**代わりに it を置いて、後から that節や if節を置くというのが一般的**です。

It is important if he is saying the truth or not.

（彼が本音を言っているかどうかが重要だ）

It is obvious that we can't reach our goal.

（目標に届かないのは、明らかだ）

it を先に置くことですぐに動詞や形容詞が分かるため、何を言いたいのかが伝わりやすくなります。

5-7 時制の一致

:::: 時制の一致について

「時制の一致」は、think や know など「**思う**」「**知っている**」
という動詞を過去形で使うときのみ使用する文法です。
（具体的には think / know / expect / believe / guess / find などが過去形のときに使います）

まず、I know he is busy. （彼が忙しいのを知っている）を例にしてみます。
I know の後の文では時制を使い分けます。

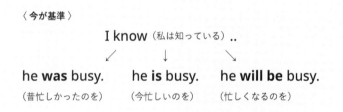

このように、知っている内容が「過去のことなら過去形」「今
のことなら現在形」「未来のことならwill」を使います。
（ここまでは当たり前かもしれません）

それでは、**文章を I knew** （私は知っていた）**から始めたら、その
後はどうなるでしょうか？**

5-7

I knew（私は知っていた）..

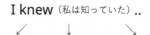

he had been busy.　　he was busy.　　he would be busy.

（昔忙しかったのを）　　（そのとき忙しかったのを）　（忙しくなるのを）

これが「**時制の一致**」です。

I knew（知っていた）**を基準**にして、それより前のことには had been, 同じ時のことには was, それより後のことには would be を使います。

・had been は was より昔を表す「大過去」という時制です。
・would の代わりに was going to や could が使えることもあります。

一般動詞の場合

be動詞以外の一般動詞でも同様です。
think や know が過去形のときは、後に続く文章も1つ過去にして表します。

〈 それより前 〉

I thought he had gotten a new job.

（彼は仕事に就いたと思った）

〈 その時 〉

I thought he was finding a new job.

（彼は仕事を探していると思った）

〈 それより後 〉

I thought he would start his own job.

（自分の仕事を始めると思った）

5-7

5-8) what と how で名詞を作る

前回紹介した that や if のように、**後に文を続けて名詞を作る言葉**はいくつかあります。
今回は、what と how を使って名詞を作る練習をします。

:::· what で名詞を作る

what の後に文を置くと、「**～すること**」という意味を作ります。

疑問詞   文

what ＋ you do（あなたがすること）

what ＋ he said（彼が言ったこと）

what ＋ he is thinking（彼が考えていること）

後に繋げる文の中でも基本的には時制を使い分けます。ただ、**未来のことを伝える際は、現在形で言うこともあります。**（特に no matter や whatever など、「何でもいいよ」と譲歩を表す言葉とセットのときは現在形を使います）

「what + 文」で作ったかたまりは**名詞のように扱うため、文章の中に入れる**ことができます。

I don't know what **he said**.
（彼が言ったことが分からない）

What **you do** is not important.
（あなたがすることは重要ではない）

名詞なので、主語としても目的語としても使えます。

5-8

how を使った名詞

how の後に文を置くと、「**どう〜するか**」という意味の名詞を作ります。

疑問詞　　　　文

how ＋ he spoke （彼がどう話したか）

how ＋ you answer （あなたがどう答えるか）

what と同様に、後に繋げる文の中でも時制を使い分けます。

WH名詞節を使うと、色んなことが簡単に言える

今回紹介した「what + 文」「how + 文」で作る名詞のことを、「**WH名詞節**」と呼びます。

会話中に言いたい名詞がぱっと思い浮かばないとき、WH名詞節で代用できることが多くあります。

難しい名詞を使うよりも**代用したほうが自然で分かりやすい文章になることも多い**ので、積極的に使ってみてください。

〈 文章をシンプルにできる例 〉

「**目的地**が分からない」

I don't know our destination.

↓

I don't know where we'll go.

「**彼らの決定**が知りたい」

I want to know their decision.

↓

I want to know what they decided.

その他のWH名詞節
(where / who / when / why)

5-9

前回学んだ what / how 以外の疑問詞でも名詞を作る練習を
しましょう。

where「～の場所」

where の後に文を続けると「**～の場所**」という意味の名詞を
作ります。

where ～「～の場所」

I know →

where she bought it.
(彼女がどこで買ったか)

I don't know where she was.

(彼女がいた場所が分からない)

I don't know where he found it.

(彼がそれを見つけた場所が分からない)

・where の後ろは「文」ということに注意。「主語 → 動詞」と続きます。
・こちらも基本的には時制を使い分けます。(未来のことを言うときには、
　現在形を使うこともあります)

when「〜のとき」

when の後に文を続けると「**〜のとき**」もしくは「**いつ〜する か**」という意味の名詞を作ります。

> **I don't know when he comes back.**
> (彼が戻ってくるときが分からない)
>
> **I don't know when I can reply.**
> (いつ返信できるかが分からない)

who「〜の人」, why「〜の理由」

who の後に文を続けると「**〜の人**」という意味の名詞を作ります。

why の後に文を続けると、「**〜の理由**」という意味の名詞を作ります。

> **I don't know who can do it.**
> (それをできる人を知らない)
>
> **I don't know who he was talking to.**
> (彼が話していた人を知らない)
>
> **I don't know why my company is doing this.**
> (会社がこれをやっている理由が分からない)
>
> who は後に動詞を続けることもできます。

前ページの例では "who he was talking to" と、文の一番最後に前置詞を使っていました。これは、もとの文章にも to が入っていたからです。

he was talking to Mike
(彼は Mike と話していた)

↓

who he was talking to
(彼と話していた人)

↑ 誰と話していたか分からなかったので who に変えた。その他の部分はそのまま。

分からない部分だけを疑問詞に変えて後はそのまま残すため、前置詞が入っていてもそのままにします。

5-1 冠詞の使い分け

☐ 私は小さな会社で働いています。

☐ 私の仕事は、小さな会社を助けることです。

☐ 新しい機能を追加しました。

☐ 私たちはいい製品を作り続けます。

☐ いいデザイナーを見つけたい。

☐ 最近いい映画のリストを作っている。

☐ 会議と報告書が苦手なんだ。

☐ 事業を始めるのにはお金がかかる。

☐ 例のイケメンがまた来た。

☐ そのお店には本や雑誌を読むための席がある。

I work at a small company.
● 「〜で働く」は in / for / at が使えます。それぞれニュアンスは違いますがどれも ok

My job is helping small companies.

5-1

● helping → to help でも ok
広く一般的に「小さな会社」と言いたいので 複数にしています。

We added some new features.
● 機能が 1 つなら a new feature も ok

We'll keep making good products.
● good products の数を制限したくないため、冠詞は付けません。

I want to find a good designer.
● 「1 人見つかれば十分」という意味で a good designer と言うことが多いですが、a few good designers（数人）や good designers（無制限に見つけたい）でも ok

I've been making a list of good movies.
● リストは 1 つなので a list, movies は無制限に集めているので冠詞は付けません。

I'm not good at meetings and reports.
● am good at（〜が得意）の代わりに don't like（好きじゃない）でも ok
meetings も reports も数が決まっていないため、冠詞は付けません。

Starting a business costs money.
● money → a lot of money でも ok
会社を 1 つ始めるときの話をしているので a business
money は数えない名詞なので冠詞も s も付けません。
It costs money to start a business. でも ok

The handsome guy came again.
● 「例の」と、男性を指定しているので the を付けています。

The store has some seats for reading books or magazines.
● 本の数は制限したくないので 冠詞なしにしています。
The store has several seats where customers can read books and magazines. なども
ok

5-2 数える名詞と数えない名詞

□ 大学でデザインを学びました。

□ 君の（これまでの）デザインが好きです。

□ ベンはマーケティングと広告を打つのが得意だ。

□ オーストラリアは何度か行ったことがある。

□ それには時間も手間もかかる。

□ 雨の日に彼女は時々不機嫌になる。

□ 英語を教えた経験（知識）があります。

□ この会社でたくさんの忘れられない経験をしました。

□ コーヒー2杯もらえますか？

□ 紙をもらえますか？

I learned design at university.
● 「デザインという考え方」なので、冠詞なしです。

I like your designs.
● これまでのデザイン（作品）を指しているので複数形にしています。

Ben is good at marketing and advertising.
● advertising - 宣伝すること
marketing も advertising も数えない名詞です。

I've been to Australia several times.
● one time / times は、回数を意味します。

It takes time and effort.
● 数えられない名詞にすると time「時間」という意味になります。

She sometimes gets stressed on rainy days.

I have experience with teaching English.
● with は抜いても ok
知識としての「経験」は数えない名詞です。

I had many unforgettable experiences at this company.
● 出来事としての「経験」は数える名詞のため、複数形にしています。

Can I have two cups of coffee?

Can I have a piece of paper?
● a paper は「1 束の紙 = 新聞」を指すため、a piece of paper「1 枚の紙」という
言い方をします。

5-3　関係代名詞（目的格）

☐　行きたい場所はありますか？

☐　信じている宗教はありますか？

☐　読んだことのある本は（この中に）ありますか？

☐　見たことのある映画は（この中に）ありますか？

☐　朝作った弁当を持ってくるのを忘れた。

☐　私が先週捨てたシャツを父が着ている。

☐　この間見せてくれた映画、何だっけ？

☐　昨日受けた面接はどうだった？

☐　私たちは、新しい顧客が依頼した製品に取りかかっている。

☐　ママはこれまで貯めたお金を使って、海外旅行に行く。

Is there any place (that) you wanna go to?

go to → visit でも ok
Do you have ..? でも ok

Is there a religion (that) you believe in?

Do you have ..? でも ok
「あなたの言っていることを信じる」という意味の「信じる」は believe、「何かの存在を信じる」は believe in を使います。(宗教や神様には believe in)

Are there any books (that) you've read (here)?

「今まで読んだことのある」という意味で have read を使います。
答えに 2 つ以上の本がくるのが想像できるので複数形で質問しています。

Are there any movies (that) you've seen?

seen → watched でも ok

I forgot to bring my bento (that) I made this morning.

Dad is wearing the shirt (that) I threw away last week.

throw away - 捨てる (threw は throw の過去形)
先週捨てたシャツが 1 枚だけなら the shirt, 他にもあれば a shirt とします。

What was the movie (that) you showed me last time?

showed me (私に見せた) の代わりに played (みんなに向けて流した) でも ok

How was the interview (that) you had yesterday?

We are working on the product (that) the new client requested.

requested → ordered でも ok

Mom will use the money (that) she's saved and travel abroad.

She will travel abroad with her savings. でも ok

5-4 関係代名詞（主格）

☐ （私たちは）週5日働ける人を探しています。

☐ インドネシアでは、英語を話せる人に会わなかった。

☐ 世界には毎日の食事が食べられない子どもがたくさんいる。

☐ 私の仕事は職場で問題を抱えている人を助けることです。

☐ 文句ばかり言う人とは働きたくない。

☐ FCバルセロナを率いた人と一緒にプレイすることを想像してみてほしい。

☐ （これまで）たくさんコストがかかってきた広告をやめる。

☐ 失敗ばかりしてきた社員を解雇する。

☐ 彼はチームで唯一、マーケティングに精通している人だ。

☐ はじめに"スニッチ"を手にした人の勝利です。

We are looking for someone who can work 5 days a week.
- a week の代わりに per week でも ok

I didn't meet anyone in Indonesia who could speak English.
- meet → see でも ok

There are a lot of children in the world who can't have meals every day .
- .. can't eat every day.（毎日食べられない）でも ok

My job is helping people who have problems in their office.
- a problem でも ok, in their office → at work でも ok

I don't wanna work with someone who complains a lot.
- someone who complains a lot → someone complaining a lot でも ok

Imagine playing with someone who led FC Barcelona.
- imagine（〜を想像する）の後に、playing（プレイすること）を続けています。led は lead（率いる）の過去形

We are gonna stop an ad that has cost a lot.
- ad = advertisement（広告）

We are gonna fire an employee who has made a lot of mistakes.
- .. has failed a lot of projects.（プロジェクトを失敗してきた）なども ok

He is the only person who is familiar with marketing in our team.
- is familiar with（〜に精通している）の代わりに is good at（〜得意だ）や has a deep understanding of（深い理解を持っている）でも ok

The first person who gets the "Snitch" wins.
- " スニッチ " ← ハリーポッターの競技より
ゲームのルールを説明するときやスポーツの実況をするときは、時制を現在形にするルールがあります。

5-5　名詞の否定

☐　誰も酔っ払わなかった。

☐　誰も道に迷わなかった。

☐　誰も文句を言わなかった。

☐　誰も強く印象が残らなかった（残さなかった）。

☐　誰も今月の目標に達しなかった。

☐　今日はやることがない。

☐　今日はいい解決策を見つけられなかった。

☐　これにかまっている時間はない。

☐　10時前に営業している本屋はこの街にはない。

☐　（私には）相談できる人がいない。

No one got drunk.

- nobody でも ok
  got → was でも ok

No one got lost.

- nobody でも ok
  got → was でも ok

No one complained.

- nobody でも ok

5-5

No one made a strong impression (on me).

- No one impressed me. でも ok(「多少はよかったけど、予想を越えてこなかった」
  というニュアンスになります)

No one reached this month's goal.

- nobody でも ok
  「達する」は achieve でも ok

I have nothing to do today.

- I have → there is にすると「できることがない」という意味になります。

We found no good solution today.

- We couldn't find any good solutions today. でも ok

I have no time for this.

- I have no time for this. は少しイライラしている感じがあります。
  I don't have time for this. や There's no time for this.(もう時間がないよ)でも
  ok

There are no bookstores that open before 10 in this city.

There is no one (who) I can ask for advice.

- ask for - 〜を求める

5-6 that と if で名詞を作る

□ 彼が素晴らしいことは分かっている。

□ 君が全力でやっていることは分かっている。

□ （それは）大丈夫だと思うよ。

□ そのプロジェクトは失敗する気がする。

□ 君が結婚したなんて、信じられない。

□ 私が正気ではなかったことに気づいた。

□ それが可能か知りたい。

□ 同僚が試験に合格できたか知りたい。

□ 彼女に来週来られるか聞いてみて。

□ 割引が受けられるか聞いてみます。

I know (that) he is great.

I know (that) you're doing your best.

I think (that) it's gonna be ok.
● will でも ok
「今のことを大丈夫」と言いたいなら I think it's ok. でも ok

I feel (that) the project is gonna fail.
● that → like でも ok（未来のことについて言うときは、feel that よりも feel like の方
がよく使います）
fail（失敗する）の代わりに not go well（うまくいかない）なども ok

5-6

I can't believe (that) you got married.
● can't → couldn't でも ok（「信じられなかった」という意味になります）

I realized that I was insane.
● realized → found out でも ok
insane（正気でない）は crazy でも ok

I wanna know if it's possible.

I wanna know if my colleague passed the exam.

Ask her if she can come next week.

I'll ask if we can get a discount.

英作文

5-7 時制の一致

☐ こんなことが起こるなんて思っていなかった。

☐ 自分が仕事を変えるなんて予想していなかった。

☐ 君が来るなんて知らなかった。

☐ 彼はオファーを断ると思ったよ。

☐ 大きなミスをしたことに気づいた。

☐ 彼女が病気だったのを知らなかった。

☐ 彼がいつ帰ってくるか知らなかった。

☐ これが起こるかもしれないって、分かっていたでしょう？

☐ この賞が取れるなんて予想していませんでした。

☐ 彼女が選挙に勝つとは信じられなかった。

I didn't think this (that) would happen.

I didn't expect that I would change my job.
- expect の後の that は省かないことが多いです。

I didn't know (that) you were gonna come.
- would でも ok ですが、計画していたことについては were going to のほうがよく使います。
  come → join us（参加する）なども ok

I thought (that) he would refuse my offer.
- would → was gonna でも ok

5-7

I found (that) I had made a huge mistake.
- found → realized でも ok
  気づいたときよりも前にミスをしているので had made（大過去）を使います。

I didn't know (that) she had been sick.
- 病気は知ったときより前から続いているので had been（大過去）を使います。

I didn't know when he would come back.
- would → was gonna でも ok

You knew (that) this could happen, right?
- could → would でも ok
  （would だと「絶対起こりそう」と思っていたことになります）

I didn't expect that I would win this award.
- would → could でも ok

I couldn't believe that she would win the election.

5-8   what と how で名詞を作る

☐   それが私の予想です。

☐   それは私が言いたかったことです。

☐   これが我々が直面していることです。

☐   これが、何か悪いことが起きたときに私がすることです。

☐   彼が教えてくれたことに従っているだけだよ。

☐   私はそこで見たものが信じられなかった。

☐   それは私が必要なものではありません。

☐   彼女が私にしてほしいことが分からない。

☐   これが K マートが拡大してきた方法です。

☐   彼は、これまでどう会社を運営してきたかを教えてくれた。

That's what I expect.
.. what I guess. でも ok
That's my expectation と言うこともできますが、少し固めの表現です。
会話の締めに「これが予想です」と言うなら That's .. 会話の初めに「これから言うことは私の予想です」と言うなら This is .. を使います。

That's what I wanted to say.

This is what we're facing.
face - 直面する

This is what I do when something bad happens.

5-8

I'm just following what he taught me.
taught → told でも ok

I couldn't believe what I saw there.

That's not what I need.
I don't need that. でも ok

I don't know what my girlfriend wants me to do.
I don't know → I'm not sure でも ok

This is how K mart has expanded.
expand - 広がる、拡大する
has expanded → expanded でも ok

He told me how he's been running his company.
「これまで経営してきた」という意味で has been running を使っています。
run his company - 会社を運営する

5-9　その他のWH名詞節（where / who / when / why）

☐　彼女がいる場所分かる？

☐　駅がある場所分かる？

☐　次の休日がいつか分かる？

☐　その問題を起こした人分かる？

☐　ここがあなたが住んでいた場所？

☐　あそこが彼女が働いている場所？

☐　そのプロジェクトに応募した人を教えて。

☐　その写真を撮った人を知りたい。

☐　なんでセーターが縮んだのかな。

☐　それが必要な理由が理解できない。

Do you know where she is?
● Where is she? とストレートに聞くのも ok

Do you know where the station is?
● Where is the station? とストレートに聞くのも ok

Do you know when the next holiday is?
● is → will be でも ok
When is the next holiday? とストレートに聞くのも ok

Do you know who caused the problem?
● caused → created でも ok

Is this where you lived?

5-9

Is that where she works?
● .. where she's working? でも ok

Tell me who applied for the project.

I wanna know who took the picture.

I wonder why my sweater shrank.
● shrink - 縮む（shrink・shrank・shrunk）
wonder（〜を知りたい、〜かな？）→ want to know でも ok

I don't understand why it's necessary.
● why it's necessary → why we need it や why it's needed なども ok

比較と様々な表現

ゴールはもうすぐ！
使えると便利な表現・文型を学びます。

::: 形容詞の比較級

「A は B よりも大きい」など、2つ以上のものを比べるときは
形容詞の形を変えて表します。（形容詞の「比較級」と呼びます）

A is bigger than B.（A は B よりも大きい）

A is more valuable than B.
（A は B よりも価値がある）

than ~ は「～よりも」という意味。比較の対象を言いたいときに加えるこ
とができます。（なくても伝わるときは than ~ を省きます）

比較級の作り方は**2パターン**あります。
big / close など、**短い形容詞は後ろに er を付けます。**

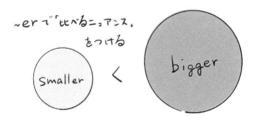

形容詞		比較級
small	→	smaller（より小さい）
close	→	closer（より近い）
hot	→	hotter（より暑い）

最後に「1 母音 + 1 子音」で終わる単語(big / hot など)は、子音を 2 回繰
り返します。

valuable / casual など**長い形容詞は形を変えず、前に more を付けます。**

形容詞		比較級
valuable	→	more valuable（もっと価値がある）
casual	→	more casual（よりカジュアルな）

名詞も比較できる

形容詞の比較級は**名詞の前にも置けます。**

She has a bigger bag.
（彼女はもっと大きいバッグを持っている）

That store has more options.
（そのお店には、もっとたくさんのメニューがある）

「ずっと〜」強調のやり方

比較を使った強調の方法も学びましょう。
形容詞の前に much（ずっと）**を付けることで、「差がとても大きいこと」**を表します。

She has a much bigger bag.
（彼女はずっと大きいバッグを持っている）

His advice is much more valuable.
（彼のアドバイスは、ずっと多くの価値がある）

カジュアルな英語では、much の代わりに way を使います。

比較2（最上級）

⋮⋮ 「一番のもの」を表す形容詞

「A が最高だ」「B が一番早い」など、いくつかの中で「一番の
もの」を伝えたいときは形容詞を「**最上級**」という形に変えて
表します。

最上級の作り方も**2パターン**あります。
big / close など、**短い形容詞は the を付けて、後ろに est を
付けます。**

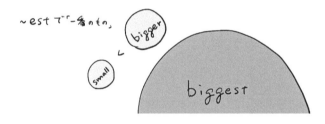

形容詞		最上級	
small	→	the smallest	（一番小さい）
close	→	the closest	（一番近い）
hot	→	the hottest	（一番暑い）

最後に「1 母音 + 1 子音」で終わる単語（big / hot など）は、子音を 2 回繰
り返します。

valuable / casual など**長い形容詞は形を変えず、前に the most を付けます。**

形容詞	最上級
valuable →	the **most** valuable（一番価値がある）
casual →	the **most** casual（一番カジュアルな）

6-2

> ⁝⁝⁝· the はなぜ必要なの？
>
> the は「その名詞が1つしかないとき」に付ける冠詞です。英語では「一番のものは1つしかない」と考えるため、最上級にも the を付けます。

最上級を文章の中で使う例を見てみましょう。

She is the most beautiful to me.
（彼女が私にとって一番美しい）

The Sky Tree is the tallest building in Tokyo.
（スカイツリーは東京で一番高い建物です）

・比較級のときと同様に、最上級を名詞の前に置くこともできます。
・「〜の範囲で1番」と言うときには、範囲を表す in 〜 を使います。

⁝⁝⁝· 副詞も比較級、最上級にできる

動詞を説明する「**副詞**」も比較級や最上級を使って、「**もっと〜**」「**一番〜**」という意味を作ることができます。

He can run **the** fastest in his school.
（彼は学校で**一番早く**走ることができる）

She can do it **more** accurately.
（彼女は**もっと正確に**できる）

副詞を比較級・最上級にするときも、形容詞と同じルールで変形させます。（短い単語は er / the est。長い単語は more / the most）

副詞		比較級		最上級
slowly	→	more slowly	→	the most slowly
		（もっとゆっくりと）		（一番ゆっくりと）
early	→	earlier	→	the earliest
		（もっと早く）		（一番早く）

実際は、副詞を最上級にして使うことはあまりありません。

6-3 比較3（同級）

:::・「同じくらい」を表す形容詞

「A と B は同じくらい大きい」のように、2つのものが「**同じように〜だ**」と言いたいときは**形容詞の前に just as を付ける**ことで表します。

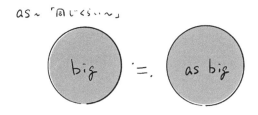

as 〜 「同じくらい〜」

big = as big

That is just as big.（あれは同じだけ大きい）

She has just as much money.
（彼女は同じだけお金を持っている）

・比較級・最上級とは違い、形容詞の形は変えません。前に just as を置くだけです。
・こちらも名詞の前に置くことができます。

何と同じか、比較の対象を伝えたいときには、「〜と同じ」という意味の as 〜 を加えます。このとき、just は抜くことも多くなります。

He is as popular as Michael.

（彼は、**マイケルと同じくらい人気がある**）

She can do it as quickly as him.

（彼女は、**彼と同じくらい早くできる**）

副詞も同じように使うことができます。

名詞には "the same"

「同じもの」という意味の名詞を作りたいときは the same を
使いましょう。

I had the same idea.（同じアイデアを持っていた）

I have the same size bag as him.

（彼と同じ大きさのバッグを持っている）

こちらも「～と同じ」と言いたいときに as ~ を加えます。

6-4 受け身 と get

:::・「～される」受動態

今回は「受動態」について学びましょう。

受動態の基本は、「**be動詞 + 過去分詞**」という形です。
「**～される**」「**～されている**」という意味で、主語が何かの行為を受けている様子を表せます。(受動態は「受け身」とも呼びます)

The actor was caught **by a crowd.**
(その俳優は、群衆に**捕まった**)

The house will be built **soon.**
(その家は、もうすぐ**建てられる**)

・受動態でも時制を使い分けます。
・「誰によってされたか」を言いたいときは、by ～ と続けることができます。

受動態は2つの意味を持っていることがあります。

例えば上記の "The actor was caught" は、「**捕まっていた**」
という状態と、「**捕まった**」**という出来事**、どちらの意味でも
取ることができます。（聞き手は前後の流れで判断します）

こういうとき、be動詞の代わりに get を使うことができます。
get を使うと「**捕まった**」**という意味だけ**になり、「**予想して**
いなかったのに〜された」というニュアンスも出てきます。

> **The actor got caught.**（その俳優は**捕まった**）
>
> **He got fired.**（彼は**クビにされた**）
>
> どちらも予想していなかった感じが出ている表現です。

6-5 仮定法の基本

仮定法とは

英語には、**"仮の話を過去形にして表す"** というルールがあります。これを「仮定法」と呼びます。

難しいと思われがちな仮定法ですが、実際の会話のいたるところに仮定法が含まれています。今回はこの仮定法の使い方を見ていきましょう。

「これは仮の話だけど」前置きを入れる

日常会話でよく使う仮定法は would と could です。

どちらも will と can の過去形ですが、過去形にすることで**「これは仮の話だけれど」** という意味を持たせることができます。

will → would にすると「仮の話」になる

I will talk to her.
（彼女に話します）
↓
I would talk to her.
（〜なら、彼女に話します）

I will say this. （私はこう言います）
　↓
I would say this. （**私なら**こう言います）

will だと「その人が**実際に言いそうな感じ**」がするのに対して、would に
することで「**この人は実際には言わないんだな**」というイメージに変わり
ます。

We can go out this weekend. （週末は外出できるよ）
　↓
Then, we could go out this weekend.
（それだったら、週末は外出**できそうだね**）

could にすることで、**まだ実際には決まっていない感じ・仮の話**になって
いるのがポイントです。

上記のように、「あなたならどうする？」などの**想像の話**に使
ったり、「この計画が実行されたら〜になるだろう」など、**ま
だ決まっていないプランの話**に使うのが基本です。

⋮⋮⋮ if は使わなくてもいいの？

学校で習う仮定法は、if とセットで使うように教えていま
す。

もちろん、if とセットで使う仮定法もありますが、**would
と could そのものが「まだ決まっていない感じ」を意味
する仮定法**です。

⠿ 「残念」を伝える仮定法

上記で紹介した意味の他に、「本当は起こらないだろうな」と思っていることにも仮定法が使えます。

I hope they will win. （彼らが勝つといいな）

↓

I wish they would win. （彼らが勝ったら**いいのにな**）

・will を would に変えることで、**勝てないと思っている**のが伝わります。

If I were an engineer, I could work anywhere I want.

（私がエンジニアだったら、好きな場所で働けたのに）

・実際はエンジニアではないので were, 好きな場所でも働けないので could を使っています。
・仮定法の中で be 動詞を使うときは、本来は was になるところも were にして、仮定法が使われていることを明示します。（was のままでも大丈夫です）

「～だといいな」という言葉は hope と wish があります。**hope は「期待しているとき」、wish は「諦めているとき」**に使います。

（hope は、未来の内容について言うときも will を付けずに現在形で言うことが多いです）

┌─────────────────────────────────────

⠿ would と「丁寧」について

would を使って丁寧な文章を作るときは、**必ず「依頼文**(Would you ~?)**」か「would like** (欲しい/したい)**」という形で**使います。

likeを抜いた would は、仮定法を意味するので注意しましょう。

「報告書を送ります」と取引先に言いたいときに

〈 こちらはok 〉

I'd like to send you the report.
（**ぜひ**報告書を送らせてください）

I will send you the report.（報告書を送ります）

〈 間違った例 〉

I would send you the report.
（**私なら**報告書を送ります）←「仮定法」と捉えるため

6-6 過去の応用文型 （was ~ing / used to）

⋮⋮ 「昔よくやっていた」used to と would

動詞の前に used to を置くと「**（今はやめたけれど）昔はよく〜していた**」という意味を作ります。

> I **used to** hang out with my brother.
> （昔はよく弟と遊んだ）

used to は「今はやっていないこと」を強調する表現です。強調する必要がなければ、普通の過去形を使います。

> I **often** hung out with my brother.
> （昔よく弟と遊んだ）
> このとき、often を付けて「何度かやった」という意味にします。

似たような表現に would があります。
こちらも、動詞の前に置いて「昔はよく〜していた」という意味を作ります。would を使うと「昔は〜したなあ」と**過去を懐かしむ感じ**が出ます。

> I **would** hang out with my brother.
> （昔はよく弟と遊んだなあ）

⠿ 「〜していた」過去進行形

現在進行形（be ~ing）の be動詞を過去形にすると、「**過去進行
形**」という文型になります。

過去進行形は、「そのときは〜していたよ」と、**過去の一部分
を切り取って「〜していた」**と言いたいときに使います。

> **I was talking to my friend then.**
> （そのときは友だちと話していたんだ）
>
> **We were camping last week.**
> （先週はキャンプをしていたんだ）

⠿ 「〜しようとしていた」was going to その他

「〜しようとしていた」「〜するつもりだった」という意味は
「**be going to**」を**過去形にする**ことで作ります。
多くの場合、「しようとしていた**けれどやらなかった**」という
場面で使います。

Yesterday I was gonna meet him, but ..
（昨日は彼と会う予定だった。けれど ..）

・シンプルに「〜しなかった」と言いたければ「didn't 〜」と言います。
・こちらも「going to = gonna」と省略することが多いです。

似たような表現に tried to 〜「〜しようとした」、
was about to 〜「〜するところだった」があります。

Last year, I tried to write a book.
（去年、本を書こうとした）

I was about to leave, but ..
（出発するところだった、けれど ..）

6-6

::: would の使い方

would はいくつも意味があって便利な半面、使うのに慣れが必要な言葉です。
今回は would の使い方をまとめました。

① 「つもりだった」willの過去形として使う

She would refuse it. （彼女は断るつもりだった）

He wouldn't come. （彼は来ようとしなかった）

would do（するつもりだった）は、tried to do（しようとした）もしくは was going to do（しようとしていた）と言うことが多いため、否定の wouldn't の方がよく使います。

② 「昔よくやっていた」 used to のように使う

I would call her. （彼女によく電話したものだ）

今回学んだ使い方です。

③ 「これは仮の話だけど」 仮定法として使う

What would you say? （君ならどう言う？）

I would say nothing. （私なら何も言わないよ）

前回学んだ使い方です。

④ 「〜はいかがですか？」 丁寧な文を作る

Would you send me the report?

（報告書を送っていただけますか？）

Excuse me, I would like tea.

（すみません、紅茶が良いんです）

必ず「依頼文（Would you ~?）」か「would like」の組み合わせで使うようにしましょう。

「誰に何を」SVOO

::: 目的語を2つ取る動詞

give（〜をあげる）を例にとって説明します。
give は、その後に「**人 + モノ**」と続けることで、「**誰に何をあげるのか**」を表すことができます。

I'll give her a birthday present.
（彼女に誕生日プレゼントをあげる）

She gave me good advice.
（彼女が良いアドバイスをくれた）

give の他にも、後に「人 + モノ」を続けて、「誰に何をするのか」を表せる動詞がいくつかあります。
（このように、動詞の後に2つの名詞を続ける文の形を「SVOO」と呼びます）

give A B （A に B をあげる）

send A B （A に B を送る）

buy A B （A に B を買う）

make A B （A に B を作る）

tell A B　　（A に B を伝える）

teach A B （A に B を教える）

show A B　（A に B を見せる）

「人」の部分に長い名詞（代名詞以外）を使う場合、言葉のリズムが悪くなるため「人 + モノ」という形は使いません。そういう場合には、「モノ + to 人」とすることで同じ意味を表します。（動詞によって for を使うものもあります）

She gave good advice **to me.**
（彼女が良いアドバイスをくれた）

I'll show my favorite movie **to my friend.**
（友達にお気に入りの映画を見せてあげる）

代名詞もこの形を使うことが可能です。

⋮⋮· to と for の使い分け

to には、「目的地にしっかり到着する」というイメージがあります。
これが転じて、give や send など、ものやサービスを相手まできちんと届けるイメージの動詞には to を使います。

〈 to **を使う動詞** 〉

give（あげる）/ teach（教える）/ tell（伝える）

show（見せる）/ hand（手渡す）/ send（送る）

sell（売る）など

一方 for は、「目的地の方向へ出発する」というイメージ
があります。（出発が大事で、到着のイメージは薄まります）
これが転じて、buy や choose など、ものやサービスを
届けていない動詞には for を使います。

〈 for **を使う動詞** 〉

buy（買ってあげる）/ choose（選んであげる）

make（作ってあげる）/ cook（料理してあげる）

leave（残していく）/ save（取っておく）など

6-7

「AをBにする」SVOC

「A を B にする」 SVOC

make を例にとって説明します。

make は、その後に「**名詞 + 形容詞**」と続けると、「**名詞を〜 の状態にする**」という意味で使うことができます。

（この文型を「SVOC」と呼びます）

```
名詞      形容詞
```

That incident made him famous.

（その事件が彼を有名にした）

「名詞 + 形容詞」を続けて使える動詞には以下のものがあります。

make A B（A を Bの状態にする）

get A B　（A を Bの状態にする）

keep A B（A に Bの状態で保つ）

leave A B （A に Bの状態で放っておく）

文章で使うと、以下のようになります。

She left him angry. （彼を怒らせたまま放っておいた）

The book keeps me motivated.
（その本は私を、やる気ある状態に保ってくれる）

形容詞の代わりに使える分詞

形容詞の部分には「現在分詞（~ing)」と「過去分詞（~ed)」も使えます。

Please leave the door locked.
（鍵はかけたままにしておいて）

We'll keep the machine running all night.
（夜中も機械は稼働させ続けます）

分詞を使うと「〜させ続ける」という内容が作りやすくなります。

make と get の使い分け

make は**難しさを表す形容詞**（easy や confused など）とセットで使います。
get は**完了を表す形容詞**（done や ready など）とセットで使います。

He made it easier.（彼が状況を簡単にしてくれた）

Let's get the work done.（さあ、仕事を片付けよう）

この get の使い方は「用事を済ませてしまう」というニュアンスです。
他に get my hair cut（髪を切る）/ get everything ready（全部用意する）のような使い方をします。

それ以外の場合は、**ものが主語のときに make、人が主語のときに get** を使うことが多いです。
これは get に「**意図してそうさせた**」、make は「**意図せずそうさせた**」というニュアンスが含まれるからです。

He got me interested in organic food.
（彼の話で、私はオーガニックフードに興味を持った）

↑もともと面白い話をするつもりがあった。

His speech made me bored.
（彼のスピーチで、退屈にさせられた）

↑もともと退屈させるつもりはなかった。

He made me bored.（彼の話は退屈だった）

↑もともと退屈させるつもりはなかったので、人が主語でも make を使います。

「なんでそんなに怒っているの？」など、日本語で考える
と Why を使いたくなるような文章に、ネイティブは
SVOC を What と一緒に使うことがあります。

なんでそんなに怒っているの？
↓
What made you so angry?
直訳すると「何があなたをそこまで怒らせたの？」

いいデザイナーになるには、何が必要？
↓
What makes a designer great?
直訳すると「何がデザイナーを素晴らしくするの？」

こうした感覚の違いも文法と一緒に取り入れて、表現の幅
を広げましょう。

6-8

便利な接続言葉

今回は、様々な「接続詞」の練習をします。
and / but / so など、基本的な言葉に加えて、様々な接続詞を
使えるようになると表現の幅が広がっていきます。

特にカジュアルな会話でよく使うものをピックアップしまし
た。（「会話を繋げる役割の副詞」も含めて紹介しています）

「〜できるように」so that ..

行動の理由を、文章で繋げたいときに使う言葉です。

Come closer so that I can see you.
（あなたが見えるように、もっと近づいて）

I wake up early so that I can prepare for my job.
（仕事の準備ができるように、早く起きています）

・後に続く文は、can と一緒に使うことが多いです。
・話すときは that を省略することもあります。
・then（そうすると）でも代用できます。

⫶▶「その一方で」on the other hand, ..

⫶▶「～にもかかわらず」even though ..

but（けれど）の代わりに使って、**違いを強調**する言葉です。
文章にメリハリを付けるのに使いましょう。

> You are right.
> But, on the other hand, what he's saying also
> makes sense.
> （君は正しい。けど一方で、彼の言っていることも筋が通って
> いる）
>
> Even though he said "No", she bought a new bag.
> （彼がだめと言ったにもかかわらず、彼女は新しいバッグを買
> った）

⫶▶「～したとしても」even if ..

⫶▶「～に備えて」in case ..

even if は、「**多分起こらないだろう**」と思っていることに使
い、「もし起こったとしても..」と仮の話を作ります。

一方、in case は「**～が起こるかもしれないから**」というニュ
アンス。even if に比べて「起こりそうだから用心しよう」と
いう表現です。

I'll leave in case my wife is waiting.

（奥さんが待っているかもしれないから帰るよ）

We're gonna leave tomorrow even if it gets rainy.

（雨が降ったとしても、出発します）

⠿「〜すると」once ..

⠿「〜まで」until ..

時間に関する接続詞です。

「A したら、B になる」という意味の once。

「A するまで、B する」という意味の until です。

（until は省略して till とも言います。意味は同じです）

Once you learn design, you'll see color differently.

（デザインを学ぶと、色の見え方が変わります）

Mix it until it gets creamy.

（クリーミーになるまで混ぜてください）

接続詞から後ろを文頭に持ってくることもできます。（境目が分かるように , を付けます）

接続詞と時制

接続詞の後に続く文では、**未来のことを「現在形」で表します。**

I want to join if he comes.
（彼が来るなら、参加したい）

Be here in case he comes back.
（彼が帰ってきたときのために、ここにいて）

一方、「今のこと」「過去のこと」については通常どおり
「現在進行形」「過去形」で表します。

I'll be here if he is coming.
（彼が向かっているなら、ここにいます）

We will go even though nobody recommended it.
（誰もおすすめしていなくても、行きます）

このルールは、今回紹介した接続詞も、他の接続詞も同様です。

これは、未来を表す言葉（特に will）が、「〜だろう」という
「不確定な印象」を持っているからです。
if や in case など接続詞も「もし〜したら」という意味を
持っているため、両方は使わず現在形にします。

6-1 比較1（比較級）

☐ そのほうが簡単ですね。

☐ そのほうが難しく聞こえます。

☐ 1ヶ月前はもっときれいだったのに。

☐ もう少し小さいものはありますか？

☐ 安いほうにしよう。

☐ 私のはずっと高かった。

☐ もっと美味しくなると思っていたのに。

☐ 新しい洗濯機はもっと便利です。

☐ 前の職場のほうがストレスだった。

☐ ハロウィンのときは人混みがこんなもんじゃない（すごく混む）。

That's easier.

That sounds more difficult.

It was cleaner last month.

Do you have a smaller one?
🔵 Is there ..? でも ok
「少し小さい」を表すのに Do you have one a little smaller? としても ok

Let's get the cheaper one.
🔵 get（手に入れる）は have や buy なども ok

Mine was much more expensive.
🔵 mine（私のもの）は my one でも ok

I thought it would be better.
🔵 tastier でも ok
過去の時点の予想なので、will be「〜になる」を過去形にして would be を使います。
expect A to be B「A が B になるのを期待する」を使って、I expected it to be better も ok

The new laundry machine is more useful.
🔵 「便利な」は convenient でも ok（useful は「色んな使い方ができる」、convenient は「時間が節約できる」という意味の「便利」です）

My previous job was more stressful.
🔵 previous（以前の）は old でも ok
「職場」は work や office でも ok

It's much more crowded during Halloween.
🔵 it will be .. でも ok

6-2 比較2（最上級）

☐ 人生で一番の瞬間でした。

☐ 通勤するには最悪の時間だ。

☐ （それは）これまでで一番の決断でした。

☐ マイクは最低賃金で働いている。

☐ 若い人が一番可能性を持っている。

☐ もう少し静かに話してもらえますか？

☐ 今日はいつもより遠くまで行こう。

☐ もっと近づいて。

☐ 思っていたよりもずっと上手にできた。

☐ 思っていたよりも時間がかかってしまった。

It was the best moment of my life.

● moment（瞬間）の代わりに time（時間）でも ok
the best moment の代わりに the highlight と言うとおしゃれです。

It's the worst time to go to work.

●「通勤する」は commute や go to the office なども ok

6-2

It was the best decision I've made.

● I've made の代わりに ever でも ok
I've ever made でも ok

Mike works for minimum wage.

● minimum は実際は最上級ではなく、「最低の」という意味の形容詞です。（そのため the が付きません）（maximum も同様）

Young people have the most potential.

● much（多い）・more（より多い）・the most（一番多くの）と変化します。

Can you talk more quietly?

● talk → speak でも ok

Today, let's go farther (than usual).

● farther - far（遠い）の比較級

Get closer.

● Come closer. でも ok

I did much better than I thought.

● better は well（上手に）の比較級です。
日本語の感覚と違って「できた」は「した (did)」と言います。

It took more time than I thought.

● 主語を I にしても ok
..than I expected.（予想した以上に）なども ok

6-3 比較3（同級）

☐ セカンドシーズンも同じくよかった。

☐ 今日は 12 月と同じくらい寒い。

☐ お台場は大宮と同じくらい遠いよ。

☐ 今週も先週と同じくらい疲れる。

☐ 思っていたよりも難しくなかった。

☐ 妻も私と同じくらい稼ぎます。

☐ 私も上司と同じくらい遅くまで働きます。

☐ 同じ人がまた買っていった。

☐ 全員同じ部屋にいます。

☐ これと同じ種類のものありますか？

The second season is just as good (as the first).

💬 was でも ok（was だと、自分が映画を見ていたところを思い出しながら言っている感じがします）

It's as cold as December today.

💬 Today is ..、Tomorrow is ... など、2つ以上の日を比べるときには today を主語にしますが、日常的には it を主語にして使います。

Odaiba is as far as Omiya.

This week was as tiring as last week.

💬 was → has been も ok（「これまでのところは」という意味になります）

It was not as difficult as I thought.

💬 It was easier than I thought.（簡単だった）でも ok

My wife earns as much as me.

💬 .. as much as I do. でも ok

I'll work as late as my boss.

💬 「普段から遅くまで働いている」と言いたいときは現在形にしても ok

The same person bought it again.

Everybody is in the same room.

💬 We are all in the same room. なども ok

Do you have the same kind as this?

💬 the same kind - 同じ種類の

6-4 受け身 と get

☐ たくさん助けてもらった。

☐ 友だちがクビになった。

☐ 同僚が昇格した。

☐ ママが事故で怪我をした。

☐ Siri は時々、間違った使われ方をする。

☐ その会に招かれたい。

☐ 北海道に転勤になりたい。

☐ 新しい同僚にデートに誘われたい。

☐ 先週フラれた。

☐ 誰が昇進したの？

I was helped a lot.

● a lot（たくさん）→ many times（何度も）なども ok
「これまで助けてもらってきた」という意味で I've been helped a lot. でも ok

My friend got fired.

● got → was でも ok

My colleague got promoted.

● got → was でも ok
got a promotion や moved up でも ok

6-4

Mom got injured in an accident.

● got → was でも ok
injure（怪我をさせる）→ hurt でも ok

Siri is sometimes used in the wrong way.

● in the wrong way - 間違った方法で
sometimes（時々）は文末でも ok

I want to be invited to the party.

● 「want to + 受動態」の形です。want to の後は「原形」になるので be invited としています。

I want to be transferred to Hokkaido.

● be → get でも ok

I want to be asked out by our new colleague.

● ask out - デートに誘う

I was dumped last week.

● dump - 吐き出す、（恋人を）振る
他に We broke up（私たちは別れた）や He / She dumped me なども ok

Who got promoted?

● got → was でも ok

6-5 仮定法の基本

- [ ] あなたなら、どうしますか？

- [ ] あなたなら、そのレストランで何を頼みますか？

- [ ] あなたは誰に投票するつもり？

- [ ] もし20歳だったら、誰に投票しますか？

- [ ] 彼の方法に従えば20%のコストを削減できる。

- [ ] この商品なら誰も文句は言わないだろう。

- [ ] 彼があと10歳若ければいいのにな。

- [ ] 一緒に行けたらよかったのですが（残念）。

- [ ] 必要ならば、私も加わります。

- [ ] 私にできるなら手伝うのですが。

What would you do?

What would you order at the restaurant?

Who will you vote for?
● 実際の話なので will を使っています。

If you were 20, who would you vote for?
● 20 歳でないことが分かっているので were、投票も仮の話なので would です。

We could cut 20% of the costs by following his approach.
● まだ確定していないことなので could を使います。
cut → reduce でも ok, approach（方法）は method でも ok

No one would complain about this product.
● まだ販売が決まっていない製品には would を使います（販売が決まったら will にします）

I wish he was 10 years younger.
● was → were でも ok

I wish I could go with you.
● I wish we could go together. でも ok

I would join if (it were) necessary.
● necessary → needed でも ok
「必要にはならないだろう」という気持ちを would で表しています。
「必要になりそう」と思っていれば will を使っても ok

I would help you if I could.
● 「できないと思いますが」という控えめな気持ちを would と could で伝えています。
実際に手伝うつもりなら will と can にしても ok

6-6　過去の応用文型（was ~ing / used to）

☐　若い頃はよく飲みすぎた。

☐　ベンは昔よくアドバイスをくれた。

☐　昔は興味のあることになんでも挑戦した。

☐　彼女は昔は髪が長かった（今は違う）。

☐　以前より外食が増えた。

☐　彼女は以前よりよく笑うようになった。

☐　トイレを使おうとしたけれど、誰かが使っていた。

☐　早く寝るつもりだったけど、夜なべしてしまった。

☐　休みを取るはずが、大きな問題が起きた。

☐　前よりも時間がかかるようになった。

I used to drink too much when I was young.

● used to drink → would drink や often drank でも ok

Ben used to give me advice.

● used to give → would give や often gave でも ok

I would try everything that I was interested in.

● would try → used to try や usually tried でも ok
「挑戦する」は try もしくは try out が ◎（challenge は動詞で使うと「抗議する」という意味です）

She used to have long hair.

● She had long hair. でも ok

6-6

I eat out more often than I used to.

● than I used to - 以前の自分よりも（than before も同じ意味で使えます）

She smiles more often than she used to.

● smiles（笑顔になる）→ laughs（声を出して笑う）でも ok
than before でも ok

I was gonna use the bathroom, but someone was using it.

● was about to .. でも ok（was about to だと「ドアを開こうとしたけど、中に人が入っているのに気づいた」という感じです）

I was gonna go to bed early, but I stayed up late.

● stay up late - 遅くまで起きている

I was gonna take a break, but a big problem happened.

● was about to .. や I tried to .. でも ok
a break（休み）は a day off（休暇）でも ok

It takes more time than it used to.

● It takes longer than .. でも ok
than before でも ok

6-7 「誰に何を」SVOO

☐ マイクが私に良いアドバイスをくれた。

☐ 妹が私に、愛らしい手紙を送ってきた。

☐ ベンが私たちにパンケーキを作ってくれたよ。

☐ 今度彼に紹介するよ。

☐ 余った料理をバイトのためにとっておいた。

☐ あの子にワンちゃんを買ってあげて。

☐ あなたができることを（私たちに）見せてくれ。

☐ 彼女にビールを一杯やってくれ。

☐ マイクにいい人を見つけてやってくれ。

☐ 誰が彼女にそのアイデアをあげたの？

Mike gave me good advice.

Mike gave good advice to me. でも ok
advice は数えられない名詞です。

My sister sent me a lovely letter.

.. sent a lovely letter to me. でも ok

Ben made us pancakes.

.. made pancake for us. でも ok

I'll introduce you to him.

introduce は SVOO の形を作れない動詞なので必ず「to 人」を使います。
他に put you in touch with him（彼の連絡先を教える）という表現もあります。

I saved the rest of the food for the part-timer.

food → dishes（料理）でも ok
the rest of（～の余り）の代わりに the left over（使い残した～）でも ok

Please buy him a dog.

buy → get（手に入れる）でも ok
buy a dog for him でも ok

Show us what you can do.

what you can do の代わりに what you're capable of とも言います。

Get her a glass of beer.

get A B - A に B を取ってあげる
give でも ok

Find Mike a good person.

find A B - A に B を見つけてあげる

Who gave her the idea?

6-8 「AをBにする」SVOC

☐ 彼女はドアを開けっ放しにして行った。

☐ 水、出しっ放しにしてた？

☐ なんで彼女はそんなに酔っ払っているの？

☐ シートベルトは締めたままでお願いします。

☐ デスクはいつでも整頓しておいたほうがいいよ。

☐ 提案書はいつもシンプルになるよう心がけている。

☐ 工場は一日中稼働させ続けないといけない。

☐ 何があなたと他との違いですか？（面接の質問）

☐ 素晴らしいタイポグラフィがなぜ素晴らしいかを学んだ。

☐ 音楽流したままでもいい？

She left the door open.

Did you leave the water running?

What made her so drunk?
● How did she get so drunk? でも ok

Please keep your seat belt fastened.
● fasten - (紐などで) しっかり締める、結ぶ

You should keep your desk neat.
● neat (整頓された) の代わりに organized や cleaned なども ok

I always try to keep my proposals simple.
● proposal - 提案書

We have to keep the factory working all day.
● all day - 一日中

What makes you different from others?
● What makes you stand out (from others)? でも ok

I learned what makes great typography great.
● スティーブ・ジョブズのスピーチより

Can I keep the music playing?
● Can I .. の代わりに Do you mind if I .. でも ok

6-9 便利な接続言葉

- [ ] ノート取っておいてくれる？授業休んでもいいように。

- [ ] 目が見えていないのに、彼はとっても自立している。

- [ ] 彼が海外に転勤になったとしても一緒にいるつもりです。

- [ ] もう一回説明してあげて、彼女が分かってないといけないから。

- [ ] 電気は付けっ放しにしておいて、誰かが来てもいいように。

- [ ] データが消えるのに備えて、バックアップを取っている。

- [ ] テレビ番組で紹介されるとそのお店は人気になった。

- [ ] 赤ちゃんが泣き止むまで、真面目な話ができない。

- [ ] 食べ始めたら、止まれない。

- [ ] 冬は乾燥している。一方で、夏はじめじめしている。

Can you take notes (for me), so that I can skip class?

💬 that は省略しても ok
take a note にすると「1 コメントだけメモする」という意味になるので、今回は take notes にしています。

Even though he is blind, he is very independent.

💬 but を使っても ok（even though は強調表現です）
independent - 自立した、独立した

Even if he gets transferred overseas, I'll stay with him.

💬 transferred overseas（海外転勤）は assigned overseas や transferred to another country でも ok

Please explain it again in case she didn't understand (it).

Leave the light on in case someone comes.

💬 leave A B - A を B の状態にしておく

I have a back-up in case the data gets deleted.

💬 deleted → erased でも ok
have a back-up → made a back-up でも ok

The store got popular once the TV program showed it.

💬 got → became でも ok
showed → featured（取り上げる）でも ok

We can't have a serious conversation until the baby stops crying.

I can't stop eating once I start.

💬 eating が 2 つ続くので、どちらかを省略するのが good（通常は 2 回目を省略します）

It's dry in winter. On the other hand, it's humid in summer.

前置詞の使い分け
（ニュアンス編）

前置詞を使い分けて、
もっと伝わる英語を話しましょう。

「**タクシーで**」移動の手段と in / on / by

乗り物に使う in と on

乗り物に対して使う前置詞は、on / in / by の3つです。

乗るときに、階段やステップを上がって乗るものには on を使います。

ステップのある乗りものは ON

身をかがめて乗るものは in

I'm on the bus.（バスに乗っています）

I'll go on my bike.（自転車で行くよ）

・階段を「上って乗る」イメージが on です。
・バイクや馬など、またがるだけの乗り物も on を使います。

〈その他、on を使う乗り物〉

airplane・flight（飛行機）/ subway（地下鉄）/ train（電車）/ ship（船）/ horse（馬）/ foot（徒歩）/ highway（高速道路）
（foot だけは冠詞なしで、on foot（徒歩で）と言います。それ以外は、冠詞(a や the など)を付けます）

in は、乗るときに身をかがめて入るものに対して使います。

Get in the car! （車に乗って！）

I left my wallet in the taxi. （タクシーに財布忘れた）

入り口が少し小さくて、身をかがめて「箱の中に入る」イメージです。

〈その他、in を使う乗り物〉
boat（ボート）/ helicopter（ヘリコプター）
（階段がある大きな boat には on を使います）

また、公共交通機関に乗るときは get on / get in の代わりに
take もよく使います。
on と in の使い分けを考えなくても良くなるので、こちらも
使うようにするとよいでしょう。

::::・ 降りるときは逆の前置詞を

乗り物から降りるときは、乗るときとは逆の前置詞を使い
ます。

on　↔　off
in　↔　out

We'll get off the bus there. （そこでバスを降ります）

Let's get out of the car. （車を降りましょう）

7日目　前置詞の使い分け（ニュアンス編）　　281

on と in の代わりに、by も使えます。

by は「on の乗り物」と「in の乗り物」のどちらにも使えますが、**冠詞**（my や the など）**を抜く**ため、「誰の車で行くかはっきり言いたい」という場合には on か in を使うのが一般的です。

I came here by bike.（自転車で来ました）

The refugees came across by boat.
（難民たちはボートで渡ってきました）

・by は「手段」を意味するので、go / come / travel など、移動を表す動詞とセットで使います。（be 動詞とは使いません）
・by を使うときは、冠詞を抜くことが一般的です。（移動の方法以外でも同様です）

:::: アメリカとイギリスの電車のイメージ

アメリカ英語で電車に乗るは **get** on the train.
イギリス英語で電車に乗るは **get** in the train. と言います。

この違いがどこから来るかと言えば、**電車に階段があるかないか**です。

現代はステップのない電車も増えていますが、一昔前のアメリカの電車は階段を上がって乗車するものが多く、get on のイメージがぴったりでした。

対してイギリスの電車は、プラットフォームから段差なく入れるものが多く、on（上る）よりも in（入る）を使うイメージが合っていました。

（ちなみに、日本の電車には段差はありませんが、日本の英語はアメリカから来ているので get on the train と on を使うのが一般的になっています）

一番使うのは in

場所に対して、一番多く使う前置詞が in です。

I found a nice cafe in Shibuya.
（渋谷でいいカフェを見つけました）

I'll be in my office after 3. （3時以降は会社にいます）

〈 その他、in を使う場所 〉

house（家）/ hospital（病院）/ building（ビル）/ park（公園）/
square（広場）/ station（駅）/ Japan（すべての国に in が使えます）
/ Shizuoka（すべての都道府県・市町村に in が使えます）

地名や建物など、ほとんどの場合に in を使います。

in を使わない場合のほうが少ないため、下記のルールを参考にイメージを掴んでください。

「中で」と言いたくないときに at

in には「〜の中で」という意味があって、伝えたい内容によって「中で」と言いたくないことがあります。

「建物の中でも外でもいい」 というニュアンスを出すときに in の代わりに at を使います。

Let's meet at the cafe. （カフェで会いましょう）

待ち合わせするのはカフェの中でも入り口でもどちらでもいいので、at にしています。（in にすると「カフェの中で会いましょう」という意味になります）

He'll arrive at the airport at 6.

（彼は6時に空港に着きます）

飛行機が着陸するのは滑走路（建物の外）なので、airport にも at を使うことが多いです。

I'm at the hospital to visit my friend.

（友だちのお見舞いで病院に来ています）

in the hospital と言うと「入院している感じ」がするので、at を使っています。

少し高い場所には on

丘や山など、周りよりも少し高くなっている場所に対しては on を使います。

周りよりも高い場所には on

We watched the stars on the hill.
（その丘で星を眺めた）

We'll land on the island at night.
（夜にその島に上陸する）

島やビーチも「海よりも高い場所」なので on を使います。

〈その他、on を使う場所〉

stage（ステージ）/ beach（ビーチ）/ wood deck（ウッドデッキ）/
viewing deck（展望台）/ road・street（道）/ farm（農場）
・road / street（道）や farm（農場）は「中に入っている」というよりも
「乗っかっている」という感覚で on を使います。
・Miami Beach など、固有の名前が付いているビーチは 1 つの街として
捉えるため、in を使います。

「近く」は near / by / in front of

「何かの近く」と言いたいときは near / by / in front of
を使いましょう。

by と near は「近くに」という意味。in front of は「〜
の前に」という意味で使います。

I'm in front of the post office.

（郵便局の前にいます）

Do you know the restaurant near A - store?

（Aストアの近くのレストランが分かる？）

「手紙で」情報伝達と in / on

Webサイト、ブログ、ツイッターなど、インターネット上の情報に対しては on を使います。

There's no information on the internet.
（ネット上に情報はありません）

You should write it on your blog.
（ブログで書いたらいいよ）

情報がネット上に「乗っかっている」イメージです。

〈 その他、on を使うメディア 〉

blog（ブログ）/ Facebook / Twitter / Instagram / Youtube / TV

本や辞書など**紙の出版物**や、article などの文章には in を使います。

I read it in a book.

（本でそれを読みました）

Her photo is in a magazine.

（彼女の写真が雑誌に載っている）

情報が本の中に「詰まっている」イメージです。

〈 その他、in を使うもの 〉

letter（手紙）/ dictionary（辞書）/ newspaper（新聞）/ article（記事）/ report（報告書）/ post（投稿）/ novel（小説）/ booklet・brochure（パンフレット）/ text message（SMS のメッセージ）/ email（メール）← 手紙のような扱いです

7-3

手に持つものには with

「鉛筆で」「小銭で」など、**手に持って使う道具には** withを使います。

手に持つ道具は withを使う

Can I pay with cash?（現金で払えますか？）

He drew it with colorful pencils.
（カラフルな鉛筆でそれを描いた）

支払いの方法には by も使えます。

〈その他、with を使う道具〉

my hand（手）/ my finger（指）/ a pen（ペン）/ a credit card（クレジットカード）/ a spoon（スプーン）/ chopsticks（箸）/ a machine（機械）/ a hammer（とんかち）

手段を表す by

「徒歩で」「電話で」など、**手段を表すには** by を使います。

It took just 10 minutes by bus.
（バスで10分しかかからなかった）

You can order it by phone.
（電話でご注文いただけます）

〈 **by を使う手段** 〉

支払いの方法
cash / card / cheque（小切手）/ PayPay

移動手段
car / train / bus / taxi / land（陸路）/ road（道路）

連絡・輸送の手段
phone（電話）/ mail（手紙）/ email（メール）/ air（空便）/ sea（船便）
手段を表す by を使うときは、基本的に冠詞を抜きます。

7-4

動詞と一緒にも使える by ~ing

by は「by + ~ing」の形で使うこともできます。
ほとんどの動詞が使えるため、前置詞を気にすることなく「手段」を伝えることができます。

You can make copies quickly with this machine.
　　↓
You can make copies quickly by using this machine.
（この機械を使えば、早くコピーが取れるよ）

7-5 「1000円で」お金と for / at

⋮ 交換を意味する for

ものの値段を表すときは for を使います。

You can buy the new iPhone for $800.
（新しいiPhoneは800ドルで買える）

You can use the Wi-Fi for free.
（無料でWi-Fiが使えます）

・iPhone と 800 ドル を交換しているようなイメージです。
・「無料」には for free を使います。

This used iPhone is $500.
（中古の iPhone は500ドルです）

be 動詞を使うときは、for は必要ありません。

for には「〜の代わりに」「〜と交換で」という意味があります。
何かを得るときに使ったものがお金でなくても for を使うことができます。

forには交換
の意味がある

292

He paid me 5,000 yen for 2 hours of cleaning.
（2時間の掃除で5000円もらった）

Could you exchange this for a new one?
（新しいものと取り替えていただけますか？）

こちらも 5,000 円と自分の労働を交換しているようなイメージです。

変動する価格を表す at

価格がよく変動するときは at を使います。
at には「**指をさすイメージ**」があるため、「この価格で！」と
変化する価格の一点を指しているようなイメージで使います。

A-Store sells gas at $2 per liter.
（Aストアではガソリンを1リットル2ドルで売っている）

I bought this hat at a discount (price).
（この帽子は割引で買えた）

・at はガソリンや為替など、値段が店によって違うものに対してよく使
　います。
・at a discount（割引で）/ at a low price（安い値段で）など、at の後
　には数字以外の言葉を続けることもよくあります。

「5分で」時間と in / at / for など

「〜以内で」in / within

「30分以内で」「3日で」など、**どのくらい時間がかかるかを伝えたいときは in と within を使います。**

Your package will arrive in 3 days.
（お届けものは、3日で着きます）

We'll finish this movie within 30 minutes.
（映画はあと30分もかからずに終わります）

in は「ぴったりそのくらいかかりそうなとき」、within は「少し早く終わる可能性があるとき」に使います。

「〜分間」for

「30分間」「2日間」など、**どのくらい続けるのかを伝えたいときには for を使います。**

for は続ける時間
study for 2 hours （2時間勉強）

29-t　　　1h　　　2h

in はかかる時間
finish in 2 hours （2時間で終わる）

study

You slept for 2 days.（2日も寝ていたよ）

I'll wait for only 10 minutes.（10分だけ待ちます）

in と似ていますが、in が「終わるまでにかかる時間」を表すのに対して、for は「続ける時間」を表します。

⠿「〜分後」in / after / later の使い分け

「〜分後」「〜日後」という表現は in / after / later の３つが使えます。

in は上記で紹介したように「これから〜分後に」という意味です。**in は未来のことに使う**のに対して、**after は過去の出来事に使います。**

7-6

I'll call you in 10 minutes.（10分したら電話します）

After 1 hour, he got bored.
（1時間したら、彼は飽きてしまった）

in は後ろに 10 minutes などの時間しか置けませんが、after は lunch や work などの名詞も置くことができます。

later は、**話の出来事を基準に「〜分後」という意味を作ります。**

She went out, and came back 20 minutes later with some drinks.

（彼女は一度出て、20分後に飲み物を持って帰ってきた）

later は副詞に分類され、later「後で」だけでも使うことができます。

「～時に」at / around

「1時に」など、**時間ぴったりに始まる・終わると言いたいときは at** を使います。

「1時ごろに」など、少し幅を持たせたいときは、代わりに around を使うか、at about 1 のように about を加えます。

> **It'll start at 5.** （5時に始まります）
>
> **He'll finish around 5.** （彼は5時ごろ終わります）

「～まで」until /「～までに」by

「2時まで」「明日まで」など、**終わるタイミングを伝えたいときには until と by** を使います。

(in / within / for は「30分」などの**長さと一緒に使い**、at / until / by は「2時」などの**タイミングと一緒に使います**)

until は「～まで」という意味。**いつまで続けるのか**を伝えます。

by は「～までに」という意味で、**いつまでに終わらせるのか**を伝えます。

until はいつまで続ける
study until 2 （2時まで勉強）

by はいつまでに終わる
finish by 2 （2時までに終わる）

He'll come home by 4.
（彼は4時までに帰ってくるだろう）

I'll be in my office until noon.
（正午まではオフィスにいます）

7-6

7-7 「3月に」カレンダーと in / on / at

⋮ 「３月に」カレンダーと in / on / at

「3月に」「6時に」など、月や時刻を表すときは in / on / at を
使います。
以下のルールで使い分けます。

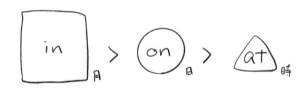

in → 年・月・週
in Febrary（2月に）/ in 1991（1991年に）/ in my 30s（私
の30代のときに）

on → 日
on Monday（月曜に）/ on Febrary 2（2月2日に）/ on
the 5th（今月の5日に）/ on weekdays（平日に）/ on
weekends（週末に）

・アメリカ式は 月 日 年 の順番で表します。
・2nd と書かなくても「フェブラリー セカンド」と読みます。
・１週間以内なら on を使います。

at → 時・分
at 5（5時に）/ at 5:30（5:30に）

⋮⋮⋮ 「来月・今週」は next / this / last

今を基準に「今週」「来月」などと言いたいときは next / this / last を使います。

来月 → next month

先月 → last month

今週 → this week

今年の4月 → this April

next / this / last を使うときは in や on は省きます。

「夏のあいだ」間と
during / between / among

時間の「あいだ」には during

「夏の間」「休み中に」など、**「時間のあいだ」**には during を
使います。

> **I stayed home during the vacation.**
> （休みの間はずっと家にいたよ）

> **I went camping with my family during the summer.**
> （この夏は家族でキャンプをしてきたよ）

> during は「その期間中ずっと」「その期間のうちのどこかで」の、どちら
> の意味でも使えます。

接続詞 when と while

上記の during は前置詞のため、**後ろには名詞しか続けら
れません。**
動詞を使いたいときは、接続詞の when （〜のとき）と
while （〜の間）を使います。（後ろには 主語 + 動詞 .. と続けます）

> **When I was writing this book, ...**
> （この本を書いていたときに）

> **While** I was writing this book, ...
> （この本を書いている間）
>
> while の方が when よりも長い期間を表します。

場所の「あいだ」には between / among

「木と木の間」など、**「物のあいだ」**には between と among
を使います。

 betweenは2つの内

 3つ以上には among

 森になると in

There's a big difference between **A and B.**
（A と B の間には大きな違いがある）

He has a bad reputation among **some co-workers.** （同僚の間で彼の評判が良くない）

He has a bad reputation in **his company.**
（社内で彼の評判が良くない）

・対象のものが 2 つのときは between, 3 つ以上点在しているときは
　among を使います。
・さらに大きな集団になると in を使います。（間ではなく、中という感
　覚になります）

「〜について」テーマを表す on / of / about

「〜について」と言うとき、前置詞は on / of / about が使えます。

それぞれのニュアンスの違いを見ていきましょう。

「詳しく扱う」on

3つの中で on が一番「**情報を詳しく載せている感じ**」「**意見をしっかり持っている感じ**」がします。

a book on Asian culture
（アジア文化について詳しく書かれた本）

a report on social problems
（社会問題についてのレポート）

on を使うと、詳しく扱っている感じがするため、仕事関係の言葉とセットでよく使います。

〈その他、on と一緒に使うことが多い言葉〉

information on ~（の情報）/ research on ~（のリサーチ）/ a study on ~（の研究）/ a textbook on ~（の参考書）/ advice on ~（についてのアドバイス）/ a take on ~（についての意見）/ an opinion on ~（についての意見）
数えられない名詞は a を省いています。

幅広く使えるabout

日本語の「〜について」と近いものが about です。
on と of が使える多くの場合に about も使うことができます。
on のように「詳しく扱う」ニュアンスはなく、of のように「全てを含んだ」という意味もありません。その分ニュートラルに、色んな場面で使用できます。

7-9

the story about **my first date.**
（初デートの話）

Let's talk about **our future.**
（ぼくらの将来について語ろう）

〈その他、about と一緒に使うことが多い言葉〉

a story about ~（の話）/ think about ~（を考える）/ talk about ~（について話す）/ complain about ~（の文句を言う）

全体を含むof

of を「〜について」という意味で使うと、「**対象のものを**（ある

^{程度}）**全部含んでいる**」というイメージになります。
写真や絵など、全体を含めることが多いものに対してよく使います。

a video of World War II （第二次世界大戦の動画）

a photo of my daughter （娘の写真）

〈 その他、of と一緒に使うことが多い言葉 〉

a picture of ~（の絵、写真）/ a movie of ~（の映画）/ a story of ~
（の話）/ a booklet of ~（のパンフレット）/ an example of ~（の例）
/ a question of ~（の問題）/ think of ~（を考える）

7-10 「の」の使い分け in / of / to

「〜の」に対応する英語は of の他に in や to など、いくつかの前置詞が使えます。

ビルの床	→	the floor **of** the building
人口の変化	→	a change **in** population
家の鍵	→	the key **to** my house

⠿ 「の」の置き換え

まず、日本語で「〜の」と表現しても、**他の言葉で置き換えられる「の」**があります。
こういったものには、of 以外の前置詞を使うことが多くなります。

英語の本　→　英語で**書かれた**本
a book in English

「英文で書かれた」という意味なら、言葉を表す in が自然です。
「英語についての本」なら on English も使えます。

がんの患者　→　がんを**抱えている**患者

a patient with **cancer**

「持っている」という意味で with を使います。

頭痛の薬　→　頭痛**のための**薬

medicine for **a headache**

「頭痛に効く薬」という意味なので for を使います。

日本語の「の」が広い意味で使えるのに対して、**英語の of は使える範囲が狭い**ため、正しく使うためには of がどういう意味を持っているかを知ることが大切です。

of を「〜の」という意味で使うのは主に 3 パターンあります。

① 絵などのテーマを表す
② ものの特徴や一部分を表す
③ 持ち主を表す

①については前回紹介しているため、今回は②と③について見ていきましょう。

「特徴」と「一部」を表す of

color （色）や price （価格）など、**特徴を表す言葉には of を使い**ます。

　　the color of my hair （髪の色）

　　the price of the bed （ベッドの値段）

〈 その他、of と一緒に使うことが多い言葉 〉

the size of（のサイズ）/ the value of（の価値）/ the meaning of（の
価値）/ the quality of（の品質）/ the amount of（の量）など

また、of は「**何かの一部分**」を表すのに使うこともできます。
a part of（の一部）や most of（のほとんど）のように使います。

A part of the problem can be fixed.

（問題の一部は、解決できる）

Most of my colleagues are married.

（同僚のほとんどは、結婚している）

〈 その他、ものの一部を表す言葉 〉

one of（の１つ）/ some of（のいくつか）/ many of（のたくさん）/
the beginning of（の始まり）/ the end of（の終わり）/ the middle
of（の真ん中）/ a member of（の一員）/ a piece of（のひとかけ）/
70% of など

後ろに year や life など、**時間に関係する言葉がくるときにも**
of を使います。

7-10

This is the best moment of the year.

（今年で一番の瞬間です）

・the best moment をその年の「一部分」だと捉えています。
・特に the best ~ などの「最上級」とセットで使うことが多いです。

:::: 所有を表す of と 's

of は「**持ち主**」を表すこともできます。

  the nest of **a bird**（鳥の巣）

  the floor of **the building**（ビルの床）

  of の後ろが**持ち主**です。

同じ意味を、**名詞に 's を付けて表す**こともできます。
「**人が持ち主のとき**」は 's を、「**ものが持ち主**（ものの一部）」
のときは of をよく使います。

〈 人が持っている 〉

  ◎ **Ben**'s book（ベンの本）

  ◎ **Ben**'s problem（ベンの問題）

  ◎ **a bird**'s nest（鳥の巣）

  動物でも 's が使えます。

  △ the **building**'s floor（ビルの床）

  ビルは人ではないので of のほうがよく使います。

〈 ものの一部 〉

  ◎ the cover of **a book**（本の表紙）

  ◎ a problem of **society**（社会の問題）

  ◎ the embassy of **Brazil**（ブラジルの大使館）

  国の持ち物にも of を使うことが多いです。

× a video **of Ben**（ベンの動画）

video と of の組み合わせは「テーマを表す of」になるので、「ベンが写っている動画」になります。

他に、名詞をそのまま並べる方法もあります。

これまでの例と同様に「所有」の意味もありますが、
soccer player（サッカー選手）や seat belt（シートベルト）のように、**複数の名詞を1つとして捉えている印象**も生まれます。

〈名詞を並べる方法〉

◎ the book cover（本の表紙・ブックカバー）

◎ a social problem（社会の問題・社会問題）

society → social のように、形容詞にできるものは形容詞にします。

◎ the Brazilian embassy（ブラジル大使館）

こちらも形容詞にしています。

7-10

変化を表す言葉には in

change（変化）や improvement（向上）など、**変化を表す言葉
は in と一緒に使うことが多い**です。

a change in the temperature（気温の変化）

an improvement in performance（性能の向上）

〈 その他、in と一緒に使う「変化」を表す言葉 〉

progress（進歩）/ revolution（革命）/ increase（増加）/ decrease（減少）/ reduction（削減）/ variation（変動）など

---

in の代わりに of を使うと「**まるごと入れ替える**」という意味になります。

a change of rooms（部屋の入れ替え）

There has been **a change** of leadership.
（最近リーダーの入れ替えが起こっている）

⠿ セットになるものには to

to には「**に合う**」「**に見合う**」という意味があります。
「鍵 と ドア」や「答え と 問題」など、何かとセットになるものについては to を使います。

the key to success（成功の秘訣）

the solution to global warming
（地球温暖化の解決策）

⠿ of の後の冠詞について

of の後の冠詞も使い分けられると Good です。

（冠詞のあるなしの違いについてはp186 ～ 189の「5-1 冠詞の使い分け」を参考にしてください）

「家の価格」

the price of houses

冠詞なしの複数形は「**ほとんどの家**」を表します。

↓

The price of houses in Tokyo is increasing.

（東京の家の価格が高騰している）

the price of the house

the が付いているので「**その家**」という意味です。

↓

The price of the house in Tokyo was expensive.

（その東京の家は高かった）

7-10

体にくっついているものには on

メガネ・腕時計など、**体に身につけるものには on** を使います。

> **Look at the watch on** his right arm.
> （あの右手の時計見てみろよ）
>
> **You should** put on **your hat.**
> （帽子をかぶったほうがいいよ）
>
> ・on は、体にくっついていたり、乗っているイメージです。
> ・身につけるときは put on ~ を使います。
> ・脱ぐときは take off ~ を使います。（on の反対は off）

体の中に入っているものには in

on に比べて数は少ないですが、目に入っているコンタクト・ポケットの中のハンカチなど、**体の中に入っているものには in** を使います。

> **I have a heavy pain** in **my back.**
> （背中に重たい痛みがある）
>
> **Let me** put in **my eye-drops.**
> （目薬指すから、待ってね）
>
> ・痛みも on（くっついている）のではなく、in（体の中にある）という捉え方をします。

・中に入れるときは put in ~ を使います。
・外すときは take out ~ を使います。(in の反対は out)

⋮⋯ 「～な人」と言いたいときは in と with

「～を着ている人」と言いたいときは、「**服に体が覆われている**」というイメージで in を使います。

身につけているときは with
a girl with a ribbon

着ているときは in
a girl in a dress

Can you see the guy in **the blue suit**?
(青いスーツの男性が見える？)

"Men in **Black**" is my favorite movie.
(「黒服の男たち」はお気に入りの映画です)

7-11

「**～を身につけている人**」「**持っている人**」と言いたいときは、with を使います。

Can you see **the man** with the yellow watch?
(黄色い時計の男の人が見えますか？)

an animal with a long nose.

（長い鼻の動物）

a person with good communication skills.

（コミュニケーションスキルのある人）

上記のように「手に持っていないもの」や「目に見えないもの」にも with が
使えます。

「ご機嫌で」状態と in / on / under

┈ 「ゾーンに入る」状況と in

in a hurry（急いでいる）, in a difficult situation（難しい状況で）など、「**何かの状況で**」と言いたいときは **in** を使います。

日本語でも「ゾーンに入る」という言い方をしますが、in は**何かの状況に入っている**ことを意味します。

> **I'm in a hurry!**（急いでるんだよ！）
>
> **I know you're in a difficult situation.**
> （あなたが難しい状況に置かれていることは分かります）

〈 その他、in で状況を表す言葉 〉

in grief（悲しい）/ in trouble（困っている）/ in good condition（状態がいい）/ in a bad mood（不機嫌で）/ in debt（借金している）/ in danger（危機的な状況）/ in a line（列になっている）/ in love with（~が気に入っている・恋に落ちている）

┈ コントロールができる状況には on

on sale（販売中）, on a diet（ダイエット中）など、**on** を使うこともあります。

in を「自分ではコントロールできないような状況」に使うのに対して、**on** は「**ある程度コントロールできる状況**」に対し

て使います。

(in は「**一度入ってしまったら出るのが難しい（コントロールが効かない）**」のに対して、onは「**乗っているだけなので、いつでも降りられる**」イメージです)

in の状態からは
なかなか出られない

on はいっでも下ろせる状態.

She's been on a fruit diet.

（彼女はフルーツダイエットを続けている）

My doctor put me on another drug.

（ドクターは、別の薬を処方してくれた）

「薬を取り続けている状態」も、ダイエット中と同じように on で考えます。

〈その他、on で状況を表す言葉〉

on sale（販売中）/ on display（展示中）/ on the job・on duty（仕事中）/ on a trip（旅行中）/ on leave（休暇中）← off work という言い方もあります

支配されているときは under

日本語にも「影響下」「管理下」という言葉がありますが、このニュアンスで「**何かに大きく影響を受けている状況**」を表したいときには under を使います。

The company is under his control.

（その会社は彼の管理下にある）

I'm under a lot of pressure.

（たくさんのプレッシャーを感じています）

〈 その他、under と一緒に使う言葉 〉

under stress（ストレス下で）/ under the law（その法律の下では）/
under one's leadership（リーダーシップのもとで）/ under discussion
（審査中で）

7-12

7-1 「タクシーで」移動の手段と in / on / by

☐　ごめん、電車に乗っていました。

☐　車の中でケータイ見つけたよ。

☐　地下鉄の中に傘忘れてきた。

☐　タクシーの中で面白い広告を見かけたよ。

☐　彼は路肩に車をぶつけた。

☐　高速道路で渋滞があったんだよ。

☐　電車の旅行が好きなんです。

☐　機内には乗客が約 200 名乗っていた。

☐　どのバスに乗ればいいですか？

☐　高速道路に乗るのはやめよう。

Sorry, I was on the train.
🔵 電車にはアメリカ英語では on を、イギリス英語では in を使います。
乗り物には「いつも使っている電車」「いつものバス」という意味で the を使うことが一般的です。

I found your phone in my car.

I left my umbrella on the subway.
🔵 left（置いてきた）→ forgot（忘れてきた）でも ok
地下鉄も電車と同じく on を使います。

I saw an interesting ad in the taxi.
🔵 taxi → cab でも ok

He crashed his car off the road.
🔵 道にも on を使うので、逸れるときには off を使います。

There was a traffic jam on the highway.
🔵 a traffic jam（渋滞）は heavy traffic でも ok

I like traveling on trains.

There were about 200 passengers on the plane.
🔵 plane → airplane や flight でも ok

Which bus should I take?
🔵 take → get on でも ok
バスは、階段を上がって乗り込むため on を使います。

Let's not take the highway.
🔵 Let's not take → Let's avoid でも ok

7-2 「渋谷で」場所と in / at / on

☐ 改札のところにいるよ。

☐ 新宿駅の東口で会いましょう。

☐ 公園にいるよ。

☐ 公園にトイレはありますか？

☐ ビーチで大きな城を作った。

☐ 6時まではオフィスにいないといけない。

☐ キッチンに大きなクモがいるの！

☐ 彼女は日本で生まれてアメリカで育った。

☐ 次の駅で乗り換えるよ。

☐ 貿易の会社で働いています。

I'm in front of the ticket gate.
● in front of → at や by でも ok

Let's meet at the East exit of Shinjuku station.

I'm at the park.
●「公園の中にいる」と言いたければ in でも ok

Is there a restroom in the park?
●「公園の中のトイレ」と言いたいので in を使っています（at でも ok）

We made a big castle on the beach.
● ビーチは「海よりも高い場所」というイメージで on を使います（at でも ok）

I have to stay in my office until 6.
●「オフィス内から出られない感じ」を in で伝えています（at でも ok）
I can't leave my office until 6. でも ok
stay → be でも ok

There is a big spider in the kitchen!
● I found .. でも ok

She was born in Japan and raised in the US.
● 国や地名には in を使います。
raised → grew up でも ok

We'll transfer at the next station.
● transfer（乗り換える）→ change trains でも ok

I work at a trading company.
● in でも ok（「会社の中で」と言うため、事務職など外に出ない仕事か、大きな会社のイメージになります）
for でも ok（欧米では「会社のために」という言い方で for を使うこともできます。テレワークなどで会社に行ってないときにも for が合います）

7-3 「手紙に」情報と in / on

☐ 彼の会社が今朝の新聞に載っている。

☐ 彼のプロフィールが Wikipedia に載っている。

☐ 彼女は料理の写真を毎日インスタに上げている。

☐ 弊社のウェブサイトに広告を出しませんか？

☐ ネットで（それを）読みました。

☐ 今朝のメールに（それを）添付しました。

☐ 電話で話しましょう。

☐ LINE でメッセージします。

☐ この本には、実用的なアドバイスがたくさん詰まっている。

☐ 彼の小説にはたくさんの比喩が詰まっている。

His company is in this morning's newspaper.
💬 紙の出版物には in を使います。

His profile is on Wikipedia.
💬 ネットメディアには on を使います。

She posts her cooking photos on Instagram every day.
💬 posts → uploads でも ok

Why don't you put your ads on our website?

I read it on the internet.

I attached it to this morning's email.
💬「A を B に添付する」は attach A to B を使います。

Let's talk on the phone.

I'll message you on LINE.
💬 LINE → Instagram, Facebook など、他の SNS でも同じ文型が使えます。

There's a lot of practical advice in this book.

There are many metaphors in his novel.

7-4 「鉛筆で」方法と with / by

☐ カードで払えますか？

☐ 私のケータイで写真撮ってもらえませんか？

☐ 彼はパソコンでどこでも仕事ができる。

☐ 何でそれを切ったの？

☐ メールで予約できます。

☐ ウェブサイトで注文いただけます。

☐ 映画をたくさん観て英語を学びました。

☐ 独学でデザインを学びました。

☐ 顧客パターンを追跡することでそれを見つけ出しました。

☐ お湯で手を洗いたい。

Can I pay by card?

- by card → with card や with a credit card でも ok
  Can I use a credit card? なども ok

Can you take my picture with my phone?

- 複数人なら our picture でも ok

He can work anywhere with a laptop.

What did you cut it with?

7-4

You can book by email.

- by → via でも ok
  book → make a reservation でも ok (book はホテルかフライトの予約を意味します)

You can order it on our website.

- ネット上でという意味なので on を使います。
  by → via でも ok

I learned English by watching many movies.

- by → through でも ok

I learned design by myself.

We found it out by tracking customer patterns.

- tracking (追跡すること) は looking into (調べること) などでも ok
  by tracking → from でも ok

I wanna wash my hands with hot water.

7-5 「1000円で」お金と for / at

- [ ] そちらは 8 ドルです。

- [ ] 一番安い iPhone は 600 ドルです。

- [ ] 前のモデルが半額で買えた。

- [ ] イケアでいいライトスタンドが 6000 円で売っている。

- [ ] これが割引で買えた。

- [ ] そこならタダで車を停められます。

- [ ] 入場料は無料です。

- [ ] 勉強を手伝った代わりに彼がおごってくれた。

- [ ] その商品の代わりに返金します。

- [ ] 低利でお金を借りられた。

It's $8.

The cheapest iPhone is $600.
- The cheapest iPhone is sold for $600. でも ok

I bought the previous model at half price.
- 割引金額なので at を使います。
  日本語で「買えた」と表現しても、英語では bought「買った」と言います。

IKEA sells a good light stand for 6,000 yen.
- A good light stand is sold for 6,000 yen at IKEA. でも ok
  6,000 円が割引金額なら at にしても ok

7-5

I bought this at a discount (price).
- at a bargain でも ok

You can park there for free.

Entrance is free.
- entrance（入場料）は admission でも ok
  There's no entrance fee. や You can enter for free. でも ok

He treated me for helping him study.
- treat -（食事を）おごる
  使役動詞の help なので him にしています（「4-3」参照）

We'll refund you for the product.
- refund you（返金する）→ pay you back でも ok

I borrowed money at a low rate.
- 金利は変動するため at を使います。

7-6 「5分で」時間と in / at / for など

□ 10 分で終わります。

□ 30 分なら待てます。

□ 2 時ごろにミーティングが終わります。

□ あと 1 時間でそこに着きます。

□ 20 分したら下で会いましょう。

□ 来週までに（それを）やってくれる？

□ 次の水曜日まで休暇なんです。

□ 彼は 30 分も話し続けている。

□ 遅くまで飲んでいたの？

□ 5 分前にお電話がありました。

I'll finish in 10 minutes.
● within でも ok

I can wait for 30 minutes.

The meeting will finish around 2.
● around → at about でも ok

I'll arrive there in 1 hour.
● arrive → get でも ok

Let's meet downstairs in 20 minutes.
● 20 minutes from now でも ok
downstairs（下の階で）の代わりに at the entrance（玄関で）なども ok

Can you do it by next week?

I'll be off until next Wednesday.
● be off の代わりに be on vacation なども ok

He's been talking for 30 minutes.
● speaking でも ok

Did you drink until late?

You got a phone call 5 minutes ago.
● got → missed でも ok
「〜分前」には ago を使います。

7-7 「3月に」カレンダーと in / on / at

☐ 16 日に BBQ やるんだ。

☐ この週末にイベントやるんだ。

☐ 週末は何してるの？

☐ 3月は忙しくなる。

☐ この4月は（いつもより）忙しくないだろう。

☐ 私は 20 代で離婚している。

☐ 6 時ごろ迎えに行きます。

☐ 今年の冬は（いつもより）寒くなる。

☐ 5 月 1 日は私たちの記念日なんだ。

☐ 日曜と月曜が休みです。

We'll have a BBQ on the 16th.

We'll have an event this weekend.
● this を使うときは on や in は必要ありません。

What do you do on weekends?
● on the weekend でも ok

I'll be busy in March.
● 「今年の3月」という意味なら in → this でも ok

I'll be less busy this April.
● I won't be busy .. でも ok

I got divorced in my 20s.
● 「20代、30代」という表現も year と同じように in を使います。
in my 20s → when I was in my 20s でも ok

I'll meet you at about 6.
● at about → around でも ok
車で迎えに行くときは pick up, 電車や徒歩で迎えに行くときは meet を使います。

This winter will be colder (than usual).
● It'll be colder (than usual) this winter. でも ok

May 1st is our anniversary.
● 日付を主語にするときは on は必要ありません。

I have the day off on Sundays and Mondays.
● I'm off .. でも ok
I have Sundays and Mondays off でも ok

7-8 「夏のあいだ」間と during / between / among

☐ 旅行中に 3 ヶ国回ったよ。

☐ 仕事中にこのアイデアを思いつきました。

☐ 私たちの間だけの秘密だよ。

☐ 会社と労働者の間でもっと対話が必要です。

☐ 同僚の間でインフルエンザが流行りだした(広まりだした)。

☐ 若者の間でその小説が流行っている。

☐ ヨーロッパでは村上春樹がとても人気だ。

☐ 打ち合わせ中にベンがこれを置いていきましたよ。

☐ 君とマイクの間柄は知っているよ。

☐ 彼と僕の違いは何?

I visited 3 countries during the trip.
- visited（訪れた）は went to でも ok

I came up with this idea during work.
- come up with - 思いつく
  at work や while I was working でも ok

It's a secret between us.
- between you and me でも ok

We need more conversations between the company and employees.
- There should be .. でも ok

The flu is spreading among my co-workers.
- in my company（社内で）でも ok

The novel is popular among young people.
- 「〜の間で流行る」は popular with ~ でも ok

Haruki Murakami is very popular in Europe.
- ヨーロッパは地域なので、in を使います。

Ben left this while you were in the meeting.
- .. during your meeting. でも ok

I know about your relationship with Mike.
- .. the relationship between you and Mike. でも ok

What's the difference between him and me?
- .. him and I. でも ok
  （文法的には間違っていますが、実際に使われている言い方です）

7-9 「〜について」テーマを表す on / of / about

□ 英文法の本を買いました。

□ 現代アートについての記事を書きました。

□ （私は）以前これについて話しましたか？

□ この提案についてのあなたの意見は？

□ 海外での仕事探しについて、ベンがいいアドバイスをくれた。

□ これが現代音楽の一例です。

□ これがフォトショップの使い方の1つの例です。

□ これは私が教師になるまでの話です。

□ ニューヨーク警察の映画を観ました。

□ 動物を殺すことには反対です。

I bought a book on English grammar.

● 「詳しく書かれている本」なので on がぴったりです。

I wrote an article on contemporary art.

「詳しい記事を書いた」というニュアンスで write に対しては on を使うのが一般的です。

Did I talk about this before?

What's your opinion on this proposal?

● on → of / about でも ok, opinion → take でも ok
What do you think about this proposal? でも ok

Ben gave me good advice on finding a job in foreign countries.

● on → about でも ok,「仕事探し」は looking for a job でも ok

This is an example of contemporary music.

This is an example of how to use Photoshop.

● example of（～の例）の後に、how to（～の方法）を続けています。

This is the story of how I became a teacher.

I watched a movie about police in New York.

● of でも ok
on でも ok（ドキュメンタリーになります）

I'm against the killing of animals.

● I'm opposed to .. でも ok
the killing of → killing でも ok（少しカジュアルになります）

7-10 「の」の使い分け in / of / to

☐ 君の髪の色、好きですよ。

☐ 東京の家の価格が値上がりしている。

☐ 腹痛の薬はありますか?

☐ (今度)がんの手術を受けます。

☐ 部屋の鍵をなくした。

☐ いいスピーチをする秘訣は何?

☐ このミーティングの目的は何?

☐ ほとんどの同僚は独身です。

☐ 紙のサイズを選んでね。

☐ 今年顧客の大幅な増加があった。

I like the color of your hair.
🔵 your hair color でも ok

The price of houses in Tokyo is increasing.
🔵 increasing → rising や going up でも ok

Do you have medicine for a stomachache?
🔵「腹痛のための薬」という意味で for を使います。

I'm having surgery for cancer.
🔵 cancer surgery でも ok
surgery → an operation でも ok
「しっかり決まっている」と伝えるために I'm having か I'm going to がよく使われます。

I lost the key to my room.
🔵 鍵などの「ペアになるもの」には to を使います。
my room key でも ok

What is the key to making a good speech?
🔵 making → giving でも ok

What is the purpose of this meeting?
🔵 purpose（目的）→ goal（目標）でも ok

Most of my colleagues are single.

Choose the size of the paper.

There was a big increase in customers this year.
🔵 increase など、変化を表す言葉の後には in を使うことが多いです。
There was → We saw でも ok

7-11 「右腕に」身体と on / in / with

☐ 白い服の女性見える？

☐ 赤いクツの男性見える？

☐ 茶色い髪の女性見える？

☐ 手の中に何があるの？

☐ 今朝から首に痛みがある。

☐ コンタクト外したほうがいいよ。

☐ コートを着たほうがいいよ。

☐ 肩に何か付いています。

☐ デザインスキルのある人を採用した。

☐ 大きな可能性のある若者を採用した。

Can you see the woman in white?
● 服の中に入っている状態を in で表します。
もっと説明を追加したいときは、in the white shirt（白のシャツ）なども ok

Can you see the man with red shoes?
● クツなど身に付けているものには with を使います。

Can you see the woman with brown hair?

What's in your hand?

I've had a pain in my neck since this morning.
● 朝から続いている様子を現在完了で表しています。(There's been a pain .. でも ok）

You should take out your contacts.
● .. take your contacts out. でも ok

You should put on your coat.
● .. put your coat on. でも ok

There's something on your shoulder.

We hired a person with design skills.

We hired a young person with great potential.
● great → huge や big（どちらも大きい）でも ok

7-12 「ご機嫌で」状態と in / on / under

- [ ] ごめん、急いでいるんだ。

- [ ] パーティーの参加者はいいムードでした。

- [ ] 新型 iPhone が発売中です。

- [ ] 彼女は未だにパイナップルダイエットをしている。

- [ ] まだ例の薬飲んでるの？

- [ ] 自動車産業は危機的な状況です。

- [ ] 君には借りがある。

- [ ] 実は、彼女に恋に落ちているんです。

- [ ] 我々は法律の下では平等です。

- [ ] 我々のミッションは、ウイルスをコントロール下に収めることです。

Sorry, I'm in a hurry.

People at the party were in a good mood.
● The people at .. でも ok (「参加者全員」を意味します)
People who joined the party .. でも ok

The new iPhone is on sale .

She is still on a pineapple diet.
● She has been .. でも ok

Are you still on the medicine?
● 薬を定期的に飲んでいる状態にも on を使います。
on → taking でも ok

The car industry is in crisis.
● in crisis - 危機に落ちている

I'm in debt to you.
● in debt (to ~) - に借金をしている、借りがある
I owe you. や I'm indebted to you. でも ok

7-12

In fact, I'm in love with her.
● in love with - ～に思いを寄せている

We are equal under the law.
● under the law - 法律の下で

Our mission is to get the virus under control.
● under control - コントロール下にある
get A B (A を B の状態にする) を使っています。

ぼくらの瞬間英作文

7日間で学べる！ スラスラ話すための英文法トレーニング

2021年1月31日　　初版発行
2024年6月18日　　2刷発行

著　者‥‥‥‥竹内智則

発行者‥‥‥‥塚田太郎

発行所‥‥‥‥株式会社大和出版

　東京都文京区音羽1-26-11　〒112-0013
　電話　営業部03-5978-8121／編集部03-5978-8131
　http://www.daiwashuppan.com

印刷・製本‥‥‥‥株式会社デジタルパブリッシングサービス

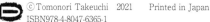